ENDERS · HESSE

Gesellschafts- und Handelsrecht

Gesellschafts- und Handelsrecht

Studienbuch

Prof. Dr. Theodor Enders LL.M. (University of Sydney)
Medien-IP-Werkstatt, Koblenz

Prof. Dr. Manfred Heße
Fachhochschule Südwestfalen

5., überarbeitete Auflage, 2024

Bibliografische Information der Deutschen Nationalbibliothek |
Die Deutsche Nationalbibliothek verzeichnet diese Publikation
in der Deutschen Nationalbibliografie; detaillierte bibliografische
Daten sind im Internet über www.dnb.de abrufbar.

5. Auflage, 2024
ISBN 978-3-415-05471-4

Satz: abavo GmbH, Nebelhornstraße 8, 86807 Buchloe |
Druck und Bindung: CPI books GmbH, Eberhardt-Finckh-Straße 61, 89075 Ulm

Richard Boorberg Verlag GmbH & Co KG | Scharrstraße 2 | 70563 Stuttgart
Stuttgart | München | Hannover | Berlin | Weimar | Dresden
www.boorberg.de

Inhaltsverzeichnis

A. Einleitung

I. Sinn und Zweck

Die Erfahrung zeigt, dass Studierende in Rechtsfächern relativ wenig Probleme damit haben, sich die theoretischen Grundlagen einzelner Rechtsgebiete anzueignen. Dagegen fällt ihnen die Anwendung des Erlernten auf die in den Klausuren geforderte Bearbeitung konkreter juristischer Fälle oftmals nicht leicht. Abgesehen von der Schwierigkeit, sich in die Besonderheiten der juristischen Fallbearbeitungstechnik einzufinden, treten weitere Probleme auf. Zum einen werden häufig die in dem jeweiligen Fall untergebrachten einzelnen Fragestellungen nicht logisch korrekt in die Prüfung einer Norm eingebunden. Zum anderen bereitet es Schwierigkeiten, die Zusammenhänge verschiedener Regelungsbereiche zu erkennen, insbesondere das Zusammenspiel verschiedener Normen. 1

Hier setzt das vorliegende Buch an. Mithilfe von Prüfungsschemata für die gängigsten Klausurkonstellationen soll den Studierenden ein Fahrplan für die Bearbeitung eines Falles an die Hand gegeben werden. Auf die Vermittlung theoretischer Kenntnisse wird dabei bewusst weitgehend verzichtet. Das Buch soll Vorlesungen und Lehrbücher nicht ersetzen, sondern ergänzen. Es kann dabei sowohl zur Nachbearbeitung einzelner Themenkomplexe als auch zur Wiederholung des gesamten Stoffes im Rahmen der Klausurvorbereitung eingesetzt werden.

Das Buch beschränkt sich dabei nicht auf das Vorstellen verschiedener Prüfungsabläufe, sondern bietet mit den enthaltenen Fällen und dem Glossar auch die Möglichkeit, sich über in den Übersichten auftretende Begriffe kurz zu informieren und das einzelne Schema in einem darauf zugeschnittenen Fall direkt anzuwenden.

II. Hinweise zur Benutzung

Die Konzeption des Buches ermöglicht verschiedene Arten seiner Benutzung. Mit dem konsequenten Durcharbeiten kann man sich ein umfassendes Wissen über die gängigen Probleme des Handels- und Gesellschaftsrechts verschaffen. Der Leser sollte zunächst den Prüfungsablauf mittels **Nachlesen der zitierten Normen** und der im Glossar erklärten Begriffe nachvollziehen und dann seine Anwendung anhand des nachfolgenden Übungsfalls erproben. Selbstverständlich sollte dabei die angebotene Lösung zunächst abgedeckt werden, da nur so eine echte Kontrolle gewährleistet ist, ob die dem Prüfungsablauf zugrunde liegende Problematik beherrscht wird. 2

Das Buch kann aber auch punktuell eingesetzt werden. Der Leser kann gezielt Begriffe nachschlagen und damit Sicherheit in der Beherrschung von Definitionen erlangen. Er kann aber auch den konkreten Prüfungsablauf von in der Vorlesung oder im Lehrbuch vermittelten Ansprüchen nachvollziehen. Schließlich ermöglicht ihm das Buch die Bearbeitung juristischer Fälle.

Bei der Anwendung der Schemata ist zu beachten, dass es sich hierbei nur um Hilfsmittel zur Prüfung des jeweiligen Anspruchs handelt. Ein stereotypes Abarbeiten der einzelnen Prüfungspunkte ist daher zu vermeiden. Es ist immer der Falltext im Auge zu behalten. Dabei ist zu beachten, dass die von dem jeweiligen Aufgabensteller in den Sachverhalt eingearbeiteten Informationen den Fallbearbeiter führen und ihm Hinweise geben sollen, welche Punkte besonders problematisch sein können. In diesem Zusammenhang existieren bei den einzelnen Prüfungen Punkte, die erfahrungsgemäß fast immer eine Rolle spielen. Auf diese wird in den Ausleitungen zu den jeweiligen Schemata besonders hingewiesen.

Die Prüfungsschemata enthalten die notwendigen Prüfungsschritte umfassend. Die dargestellte Prüfungsreihenfolge ist nicht zwingend, soweit nicht aus dem Gesetz oder aus der Logik eine bestimmte Abfolge vorgegeben ist. Insoweit handelt es sich lediglich um einen Vorschlag. Andere Möglichkeiten der Prüfungsreihenfolge sind selbstverständlich denkbar. Entsprechendes gilt für die Falllösungen. Auch hier sind mit entsprechender Argumentation teilweise andere Meinungen vertretbar. Die Autoren haben sich jedoch bemüht, bei Meinungsstreitigkeiten der höchstrichterlichen Rechtsprechung zu folgen.

B. Gesellschaftsrechtliche Ansprüche und Fragestellungen

I. Personengesellschaften

1. BGB-Gesellschaft

Die BGB-Gesellschaft (GbR) ist die **Grundform der Personengesellschaften** und somit auch der Personenhandelsgesellschaften OHG und KG. Aus diesem Grund werden die die GbR betreffenden gesellschaftsrechtlichen Ansprüche und Fragestellungen besonders ausführlich behandelt. Die hier gemachten Ausführungen besitzen nämlich wegen der gesetzlichen Verweisungen in §§ 105 Abs. 3, 161 Abs. 2 HGB z. T. auch Gültigkeit für die OHG und KG. 3

Zu beachten ist, dass das Recht der Personengesellschaften durch das Gesetz zur Modernisierung des Personengesellschaftsrechts mit Wirkung seit dem 1. Januar 2024 umfassend geändert worden ist. Durch das MoPeG wurde u. a.

- das Recht der in § 705 BGB (Untertitel 1. Allgemeiner Teil) definierten BGB-Gesellschaft neu geregelt und in Regelungen betreffend die rechtsfähige BGB-Außengesellschaft in den §§ 706 ff. BGB (Untertitel 2. Rechtsfähige Gesellschaft) und in Regelungen betreffend die nicht rechtsfähige BGB-Innengesellschaft in den §§ 740 ff. BGB (Untertitel 3. Nicht rechtsfähige Gesellschaft) unterteilt und zudem
- für die rechtsfähige BGB-Außengesellschaft ein in den §§ 706 ff. BGB geregeltes fakultatives Gesellschaftsregister eingeführt.

Weitere Änderungen des MoPeG betreffen die Offene Handelsgesellschaft (B.I.2) und die Kommanditgesellschaft (B.I.3) und werden dort behandelt.

Darüber hinaus hat das MoPeG auch dort, wo es bestehende Vorschriften inhaltlich unverändert übernommen hat, zu einer neuen Paragrafenreihenfolge in den §§ 705 ff. BGB und in den §§ 105 ff. HGB geführt. Dies ist insbesondere bei der Lektüre der in diesem Arbeitsbuch zitierten Urteile und Lehrbücher zu beachten, deren Aussagen sich noch auf die alte Fassung der §§ 705 ff. BGB beziehen.

a) Ansprüche gegen die Gesellschaft

Ansprüche gegen eine GbR werden sich regelmäßig gegen eine rechtsfähige Außengesellschaft i. S. d. § 705 Abs. 2 Alt. 1 BGB richten und können in der Klausur in vielfältiger Form abgeprüft werden. Regelmäßig wird dem Bearbeiter ein Sachverhalt geschildert werden, aus dem sich sowohl eine materielle Anspruchsgrundlage als auch die Notwendigkeit zur Prüfung der Existenz einer GbR ergibt. Was dann genau zu prüfen ist, bestimmt sich nach der Fallfrage. Ist diese offen formuliert (Beispiel: Von wem kann A Zahlung des Kaufpreises verlangen?), sind sowohl Ansprüche gegen die Gesellschaft als auch gegen deren Gesellschafter (vgl. Rn. 9, B. I. 1.b) zu erörtern. Wird dagegen ausschließlich nach Ansprüchen gegen die Gesellschaft gefragt, ist die gutachterliche Stellungnahme strikt auf diesen Punkt zu begrenzen. 4

Bei der Prüfung von Ansprüchen gegen die GbR ist die Prüfung der gesellschaftsrechtlichen Fragestellungen in den allgemeinen Anspruchsaufbau zu integrieren. Dies bedeutet, dass die Prüfung bei einer konkreten Anspruchsgrundlage (z. B. § 433 Abs. 1 oder § 823 Abs. 1 BGB) i. V. m. § 705 Abs. 2 Alt. 1 BGB ansetzt. Im Rahmen der Prüfung der Voraussetzungen dieser Anspruchsgrundlage können sodann sämtliche einschlägigen gesellschaftsrechtlichen Fragestellungen abgehandelt werden. Dabei handelt es sich um die Fragen

- ob überhaupt eine GbR besteht,

- ob die GbR als Außengesellschaft gem. § 705 Abs. 2 Alt. 1 BGB selbst Träger von (Rechten und) Pflichten sein kann und
- ob die GbR im konkreten Fall tatsächlich Träger von (Rechten und) Pflichten geworden ist.

Darüber hinaus sind in einer Klausur auch Fragestellungen anzutreffen, die gezielt einen bestimmten Problempunkt ansprechen (Beispiel: Welche Gesellschaft besteht zwischen A und B?). Bei derartigen Fallfragen ist nur der jeweils einschlägige Teil des nachfolgend dargestellten Prüfungsablaufs zu erörtern.

5 **Übersicht 1: Ansprüche gegen eine GbR**

Anspruch aus §§ ..., 705 Abs. 2 Alt. 1 BGB

1. Bestehen einer GbR
   a) Wirksamer **Vertrag** i. S. d. § 705 Abs. 1 BGB
      aa) Mindestens zwei Vertragsparteien (natürliche Personen, juristische Personen oder Personengesellschaften, vgl. zur Gesellschafterfähigkeit der GbR § 707a Abs. 1 S. 2 BGB)
      bb) Wirksamkeit gem. §§ 104 ff. BGB
      cc) Grds. formlos (Ausnahme bei formbedürftigen Leistungsversprechen, z. B. gem. § 311 b Abs. 1 BGB)
   b) Gerichtet auf **gemeinsamen Zweck**
      aa) Zweck
      Jeder erlaubte Zweck mit Ausnahme des in § 105 HGB genannten (Abgrenzung zur OHG/KG)
      bb) Gemeinsam
      Zweckidentität = alle Parteien verfolgen gem. vertraglicher Vereinbarung denselben Zweck
   c) **Förderpflicht** der Vertragsparteien
   Gem. § 709 Abs. 1 BGB jede Förderung des gemeinsamen Zwecks, insbesondere durch Übertragung oder Überlassung von Sachen und Rechten sowie durch die Erbringung von Dienstleistungen
2. GbR als Rechtssubjekt (nur bei Außengesellschaften)
   - Die vor der Reform des BGB durch das MoPeG umstrittene und vom BGH bejahte Frage nach der Rechtsfähigkeit der GbR ist nunmehr durch § 705 Abs. 2 BGB gesetzlich klar geregelt. Insofern ist eine Befassung mit den verschiedenen Auffassungen vor dem Inkrafttreten des MoPeG entbehrlich. Stattdessen ist mit dem Gesetz zu arbeiten.
   - Nach § 705 Abs. 2 Alt. 1 BGB ist eine GbR rechtsfähig, wenn sie (als Außengesellschaft) nach dem Willen der Gesellschafter am Rechtsverkehr teilnehmen soll. Dies wird (im Zweifelsfall) nach § 705 Abs. 3 BGB vermutet, wenn Gegenstand der Gesellschaft der Betrieb eines Unternehmens unter gemeinschaftlichem Namen ist.
   - Die Eintragung in das in den §§ 706 ff. BGB geregelte Gesellschaftsregister ist nach § 707 Abs. 1 BGB grundsätzlich fakultativ („können“) und keine Voraussetzung für die Rechtsfähigkeit der GbR nach § 705 Abs. 2 Alt. 1 BGB.
3. Verpflichtung der GbR
   a) Entstehung der GbR gegenüber Dritten (Anspruchsteller) nach § 719 Abs. 1 BGB
      - durch Teilnahme am Rechtsverkehr mit Zustimmung aller Gesellschafter oder
      - durch Eintragung der GbR in das Gesellschaftsregister nach §§ 706 ff. BGB.
   b) Begründung eines Anspruchs gegenüber der GbR
      - Vertragliche Erfüllungsansprüche: Vertretung der Gesellschaft durch die Gesellschafter gem. § 720 BGB i. V. m. 164 ff. BGB
      - Vertragliche Schadensersatzansprüche: Zurechnung von Gesellschafterhandlungen gem. § 278 BGB
      - Deliktische Schadensersatzansprüche: Zurechnung von Gesellschafterhandlungen analog § 31 BGB, regelmäßig nicht nach § 831 BGB
      - Ausgleich von Bereicherungen gem. §§ 812 ff. BGB bei Bereicherung der Gesellschaft

Fall 1 (ca. 1,5 Stunden)

6 Die Radiologen A und B haben vor längerer Zeit einen Vertrag über den gemeinsamen Betrieb eines „Instituts für Röntgen- und Nuklearmedizin“ geschlossen. Das Institut erzielt einen Umsatz von mehreren Millionen Euro pro Jahr und beschäftigt 10 Angestellte. Vereinbarungsgemäß tritt die Gemeinschaftspraxis nach außen unter der Bezeichnung „Institut für Röntgen- und Nuklearmedizin“ als Einheit auf. Die Patienten werden nach einem bestimmten Schema auf die Ärzte A und B verteilt. Die Kosten der Praxis

tragen A und B gemeinsam, der Gewinn wird zwischen ihnen geteilt. Zur Geschäftsführung und Vertretung für das „Institut" sind A und B nach dem zwischen ihnen geschlossenen Vertrag jeweils allein befugt. Eines Tages kauft A ohne Rücksprache mit B bei C im Namen des Instituts ein Gerät zur Röntgendiagnostik. C verlangt „von dem Institut" Zahlung des Kaufpreises für das erworbene Gerät.

Zu Recht?

Lösung:

Fraglich ist, ob ein Anspruch des C aus § 433 Abs. 2 BGB gegen das Institut besteht.

Das Institut könnte gem. § 433 Abs. 2 BGB i. V. m. § 105 Abs. 2 HGB zur Zahlung des Kaufpreises verpflichtet sein. Dies setzt u. a. voraus, dass es sich bei dem Institut um eine OHG handelt, die von A wirksam vertreten worden ist.

Bei dem Institut handelt es sich gem. § 105 Abs. 1 HGB dann um eine OHG, wenn A und B einen Vertrag geschlossen haben, der auf den gemeinsamen Zweck des Betriebs eines Handelsgewerbes unter einer gemeinschaftlichen Firma gerichtet ist und A und B sich zur Förderung dieses gemeinsamen Zwecks verpflichtet haben.

A und B haben einen Vertrag geschlossen. Dieser ist jedoch nicht auf den gemeinsamen Zweck des Betriebs eines Handelsgewerbes unter einer gemeinschaftlichen Firma gerichtet. Ein Handelsgewerbe i. S. d. § 1 Abs. 2 HGB setzt zunächst voraus, dass überhaupt ein Gewerbe betrieben wird. Als Ärzte üben A und B jedoch kein Gewerbe, sondern einen Freien Beruf aus. Daher ist ihre Tätigkeit nicht auf den Betrieb eines Handelsgewerbes unter einer gemeinschaftlichen Firma gerichtet. Anhaltspunkte für das Vorliegen der Voraussetzungen des § 107 Abs. 1 HGB sind ebenfalls nicht gegeben.

Eine Verpflichtung des Instituts zur Zahlung des Kaufpreises gem. §§ 433 Abs. 2 BGB, 105 Abs. 2 HGB kommt somit nicht in Betracht.

Jedoch könnte eine zwischen A und B bestehende BGB-Gesellschaft gem. §§ 433 Abs. 2, 705 Abs. 2 Alt. 1 BGB zur Zahlung des Kaufpreises verpflichtet sein.

Dies setzt voraus, dass zwischen A und B eine BGB-Gesellschaft besteht, die nach § 705 Abs. 2 Alt. 1 BGB rechtsfähig ist und durch A als Gesellschafter gem. § 164 Abs. 1 BGB wirksam vertreten wurde.

Eine BGB-Gesellschaft besteht nach § 705 Abs. 1 BGB zwischen A und B dann, wenn A und B sich vertraglich verpflichtet haben, die Erreichung eines gemeinsamen Zwecks zu fördern.

Da A und B sich durch Vertrag verpflichtet haben, das „Institut für Röntgen- und Nuklearmedizin" gemeinsam zu betreiben, bei der Behandlung der Patienten arbeitsteilig zusammenzuarbeiten und sich die Kosten und den Gewinn des Instituts zu teilen, ist diese Voraussetzung erfüllt.

Die somit zwischen A und B bestehende BGB-Gesellschaft ist nach § 705 Abs. 2 Alt. 1 BGB dann rechtsfähig, wenn sie nach dem gemeinsamen Willen der Gesellschafter am Rechtsverkehr teilnehmen soll. Dies ist hier schon deshalb der Fall, weil die Gemeinschaftspraxis nach der Vereinbarung von A und B nach außen als „Institut für Röntgen- und Nuklearmedizin" unter einem gemeinsamen Namen auftreten soll. Daran ändert auch die fehlende Eintragung des Instituts in das Gesellschaftsregister nichts. Diese Eintragung ist nämlich, wie aus § 707 Abs. 1 BGB folgt, grundsätzlich fakultativ und keine Voraussetzung für die Rechtsfähigkeit der Gesellschaft nach § 705 Abs. 2 Alt. 1 BGB.

A hat die zwischen ihm und B bestehende Gesellschaft dann wirksam vertreten, wenn diese Gesellschaft nach außen und somit auch gegenüber C wirksam geworden ist und A eine eigene Willenserklärung im Namen der Gesellschaft und mit Vertretungsmacht für diese abgegeben hat.

Nach § 719 Abs. 1 BGB wird eine Gesellschaft u. a. dann nach außen wirksam, wenn sie mit Zustimmung sämtlicher Gesellschafter am Rechtsverkehr teilnimmt. Dies ist durch die vor längerer Zeit einvernehmlich erfolgte Aufnahme des Betriebes des Instituts der Fall.

Die demnach bestehende BGB-Gesellschaft hat A dann nach § 164 Abs. 1 BGB wirksam vertreten, wenn er gegenüber C eine eigene Willenserklärung im Namen der Gesellschaft und mit Vertretungsmacht für diese abgegeben hat.

A hat eine eigene Willenserklärung im Namen der Gesellschaft, nämlich des Instituts, abgegeben.

Die Vertretungsmacht des A könnte sich aus § 720 BGB ergeben. Fraglich ist insoweit, ob A zur Vertretung der BGB-Gesellschaft befugt war. Grundsätzlich steht die Vertretungsbefugnis aufgrund der Regelung des § 720 Abs. 1 BGB den Gesellschaftern nur gemeinschaftlich zu. Dies gilt jedoch nur dann, wenn gesellschaftsvertraglich nichts anderes geregelt ist. A und B haben in ihrem Gesellschaftsvertrag Einzelvertretungsbefugnis vereinbart. Daraus folgt, dass A grundsätzlich einzeln zur Vertretung der Gesellschaft befugt war.

Somit war A trotz der fehlenden Mitwirkung des B vertretungsbefugt. Der Kaufvertrag zwischen dem Institut und C ist daher zustande gekommen. C kann daher gem. §§ 433 Abs. 2, 705 Abs. 2 Alt. 1 BGB von der BGB-Gesellschaft Zahlung des Kaufpreises verlangen.

7 **Beachte:**

Bei der Erörterung von Ansprüchen gegen eine GbR ist die Prüfung auf diejenigen Probleme zu beschränken, die durch den Sachverhalt vorgegeben werden. Auf jeden Fall sollte jedoch kurz die nunmehr gesetzlich ausdrücklich geregelte Frage der Rechtsfähigkeit der GbR nach § 705 Abs. 2 Alt. 1 BGB angesprochen werden. Dabei reicht ein Hinweis auf die gesetzliche Regelung. Ein Rückgriff auf die Rechtsprechung des BGH zur **Rechtsfähigkeit der Außen-GbR** ist nicht erforderlich.

8 **Vertiefungshinweise**

a) Der Meinungsstreit zur Rechtsfähigkeit der Außen-GbR vor dem Inkrafttreten des MoPeG wird ausführlich in dem die Rechtsfähigkeit der Außen-GbR bejahenden Grundsatzurteil des BGH NJW 2001, 1056 dargestellt; zur aktuellen Regelung des § 705 Abs. 2 BGB siehe BT-Drucksache 19/27635, S. 125 f.; Röß, Die GbR nach dem MoPeG, NZG 2023, 401.
b) Zur Zurechnung von deliktischen Gesellschafterhandlungen zur GbR analog § 31 BGB siehe BGH NJW 2003, 1445 ff.

b) Ansprüche gegen die Gesellschafter

9 Die Prüfung von Ansprüchen gegen die Gesellschafter einer GbR kann entweder als Ergänzung zu einer Prüfung von Ansprüchen gegen die Gesellschaft erforderlich werden (Beispiel: Von wem kann A Zahlung des Kaufpreises verlangen?) oder als selbstständige Prüfung „unter Umgehung" der Erörterung der gegenüber der Gesellschaft bestehenden Ansprüche erfolgen (Beispiel: Kann A von B Zahlung des Kaufpreises verlangen?). Dabei ist bei Fragestellungen der zweiten Art zu beachten, dass auch im Rahmen der direkten Prüfung von Ansprüchen gegen die Gesellschafter die **Existenz einer rechtsfähigen GbR** zu prüfen ist und somit erforderlichenfalls trotz der auf den Gesellschafter bezogenen Fragestellung das gesamte unter Punkt B.I.1., Rn. 5 dargestellte Prüfprogramm abgearbeitet werden muss.
Dagegen sollten, wenn sowohl Ansprüche gegen die Gesellschaft als auch gegen die Gesellschafter zu prüfen sind, zunächst die Ansprüche gegen die Gesellschaft erörtert werden. Dies erlaubt es dem Bearbeiter, die die GbR betreffenden Rechtsfragen an der Stelle zu erörtern, wo sie hingehören, nämlich bei der Prüfung von Ansprüchen gegen die Gesellschaft. Bei der anschließenden Prüfung von Ansprüchen gegen die Gesellschafter kann sodann wegen der Voraussetzung der Existenz einer GbR auf die vorangehenden Erörterungen anlässlich der Prüfung von Ansprüchen gegen die Gesellschaft selbst verwiesen werden.

10 **Übersicht 2: Ansprüche gegen Gesellschafter einer GbR**

Anspruch aus §§ ..., 721 BGB

1. Bestehen einer rechtsfähigen GbR
   Vgl. die Ausführungen Rn. 5 unter Punkt 1.–2.
2. Haftung der Gesellschafter
   a) Die vor der Reform des BGB durch das MoPeG umstrittene und vom BGH bejahte Frage nach der Haftung der Gesellschafter einer GbR ist nunmehr durch § 721 ff. BGB gesetzlich klar geregelt. Insofern ist eine Befassung mit den verschiedenen Auffassungen vor dem Inkrafttreten des MoPeG entbehrlich. Stattdessen ist mit dem Gesetz zu arbeiten.
   b) Voraussetzung für eine akzessorische Gesellschafterhaftung ist danach:
      aa) Existenz einer GbR gegenüber Dritten nach § 719 Abs. 1 BGB
      (regelmäßig schon im Rahmen der Anwendung des § 720 BGB geprüft, vgl. Rn. 5 1. 3)
      bb) Bestehen einer Schuld der Gesellschaft (vgl. Rn. 5 1. 3.)
      cc) Betreffender im Zeitpunkt der Begründung des Anspruchs Gesellschafter der GbR (vgl. § 721 BGB) oder nach Begründung des Anspruchs Gesellschafter der GbR geworden (vgl. § 721a BGB)

Fall 2 (ca. 1,5 Stunden)
Kann C in Fall 1 auch von A und B persönlich Zahlung des Kaufpreises verlangen? 11

Lösung:

Ein Anspruch des C gegen A und B persönlich könnte sich aus §§ 433 Abs. 2, 721 BGB ergeben, wenn A und B als Gesellschafter einer GbR für die Verbindlichkeiten der Gesellschaft haften.

Dies setzt zunächst voraus, dass zwischen A und B eine rechtsfähige GbR besteht (nähere Ausführungen zur Existenz und Verpflichtung der GbR erforderlich, s. o. Fall 1).

Weiterhin ist erforderlich, dass A und B auch persönlich für die Verbindlichkeiten der GbR haften.

Nach § 721 BG haften die Gesellschafter einer GbR automatisch für die Verbindlichkeiten der Gesellschaft. Daher kann C dann von A und B persönlich Zahlung des Kaufpreises verlangen, wenn A und B Gesellschafter einer GbR sind, die dem C zur Zahlung des K Kaufpreises verpflichtet ist (nähere Ausführungen zur konkreten Verpflichtung der GbR erforderlich, s. o. Fall 1). A und B sind auch Gesellschafter der GbR. Sie haften daher nach § 721 BGB auch persönlich auf Zahlung des Kaufpreises.

C kann von A und B aus §§ 433 Abs. 2, 721 BGB Zahlung des Kaufpreises verlangen.

Beachte: 12

Die Prüfung der Gesellschafterhaftung ist nunmehr auf die gesetzlichen Regelungen der §§ 721 ff. BGB zu stützen. Einer Auseinandersetzung mit der zuvor von der Rechtsprechung bejahten **Akzessorietätstheorie** und der daraus resultierenden Anwendung der **§§ 128 ff. HGB analog** auf die Haftung der Gesellschafter der GbR bedarf es nicht mehr.

Vertiefungshinweise 13

a) Zur vor dem Inkrafttreten des MoPeG von der Rechtsprechung befürwortete analogen Anwendung der §§ 128 ff. HGB auf die Gesellschafter der Außen-GbR siehe BGH ZIP 2011, 909 ff.; Aussagen zur aktuellen Haftungsregelung der §§ 721 ff. enthält die BT-Drucksache 19/27635, S. 165 ff.
b) Zur Haftung der GbR und ihrer Gesellschafter für deliktische Handlungen eines Mitgesellschafters BGH NJW 2003, 1445 ff.

c) Rechte und Pflichten der Gesellschafter

Welche Pflichten der Gesellschafter einer GbR haben kann, wird in der Klausur zumeist in der Form eines gegen diesen Gesellschafter geltend gemachten Anspruchs der Gesellschaft oder der Mitgesellschafter geprüft. Wenn entsprechende Ansprüche erhoben werden, muss sich der Bearbeiter zunächst Klarheit darüber verschaffen, ob es sich dabei um Sozialansprüche, Individualansprüche oder um Ansprüche aus einer Drittbeziehung handelt. Jeder dieser Anspruchsgruppen sind nämlich bestimmte typische Probleme zugeordnet, die erforderlichenfalls im Rahmen der Fallprüfung zu erörtern sind. 14

Sozialansprüche sind Ansprüche der Gesellschaft gegen einen Gesellschafter aus dem Gesellschaftsverhältnis. Aufgrund dieses Verhältnisses unterliegt jeder Gesellschafter der Beitragspflicht, der Geschäftsführungspflicht und der Treuepflicht. Ansprüche auf Beachtung dieser Pflichten und Schadensersatzansprüche aus der Verletzung dieser Pflichten werden grundsätzlich durch den oder die geschäftsführungsbefugten Gesellschafter für die Gesellschaft geltend gemacht. Jedoch ist es auch zulässig, dass ein nicht geschäftsführungsbefugter Gesellschafter Sozialansprüche gegen seine Mitgesellschafter im Wege der in § 715b BGB geregelten **Gesellschafterklage** (actio pro socio) geltend macht. Dies lässt sich damit begründen, dass sich die Gesellschafter nach § 705 BGB gegenseitig verpflichten.

Sofern ein Mitgesellschafter einen **Individualanspruch** aus dem Gesellschaftsvertrag gegen einen GbR-Gesellschafter geltend macht, stellt sich vor allem die Frage nach der

Anwendbarkeit der Regelungen des Schuldrechts auf diesen Anspruch. Dabei besteht Einigkeit darüber, dass die §§ 320 ff. BGB zumindest dann unanwendbar sind, wenn es um den Bestand des Gesellschaftsverhältnisses geht. Dies lässt sich damit begründen, dass die §§ 705 ff. BGB Spezialregelungen über die Beendigung und die Abwicklung des Gesellschaftsverhältnisses enthalten.

Bei Ansprüchen gegen einen Mitgesellschafter aus einer **Drittbeziehung** handelt es sich um Ansprüche aus Fallkonstellationen, bei denen ein Gesellschafter seiner Gesellschaft wie ein Dritter gegenübertritt. In diesen Fällen bestimmen sich die Pflichten der Gesellschaft und der Mitgesellschafter grundsätzlich nach den allgemeinen Regelungen. Allerdings können die Mitgesellschafter nur subsidiär, d.h. soweit eine Befriedigung aus dem Gesellschaftsvermögen nicht möglich ist, in Anspruch genommen werden. Zudem muss der den Anspruch geltend machende Mitgesellschafter seinen Anspruch um seinen eigenen Verlustanteil kürzen.

Pflichten einzelner Gesellschafter stellen in vielen Fällen zugleich spiegelbildlich Rechte ihrer Mitgesellschafter dar. Daher kann hinsichtlich der Prüfung von Individualansprüchen der Gesellschafter sowie hinsichtlich der Prüfung von Ansprüchen aus Drittbeziehungen zunächst auf die Ausführungen zu den Pflichten der Gesellschafter verwiesen werden. Daneben kommen als klausurrelevante Prüfungsgebiete insbesondere Probleme der Beschlussfassung in Gesellschaftsangelegenheiten, der Beteiligungen am Gewinn und Verlust sowie der Informations- und Kontrollrechte in Betracht.

Übersichten 3–8: Rechte und Pflichten der GbR-Gesellschafter

15 **Übersicht 3**

Sozialansprüche der Gesellschaft gegen ihre Gesellschafter

1. Beitragspflicht, §§ 705 Abs. 1, 709 Abs. 1 BGB
   Anspruch auf Erbringung des Beitrags aus § 705 Abs. 1 BGB
   a) Abschluss eines BGB-Gesellschaftsvertrages
   b) In Anspruch genommener Gesellschafter der GbR
   c) Rechtsfolge
      Beitragspflicht
      - Inhalt der Beitragspflicht, § 709 Abs. 1 BGB
      - Umfang der Beitragspflicht, § 709 Abs. 2 BGB
      - Keine Nachschusspflicht, § 710 BGB
2. Geschäftsführungspflicht
   Anspruch auf Mitwirkung bei der Geschäftsführung aus § 705 Abs. 1 BGB
   a) Abschluss eines GbR-Gesellschaftsvertrages
   b) In Anspruch genommener Gesellschafter der GbR
   c) Rechtsfolge
      - Pflicht zur Geschäftsführung gem. dem Grundsatz der Gesamtgeschäftsführung, § 715 Abs. 1 BGB
      - Gesellschaftsvertraglich mögliche Abänderungen, §§ 708, 715 Abs. 3–4 BGB
      - Keine wirksame Kündigung, § 715 Abs. 6 BGB
3. **Treuepflicht**, § 242 BGB
   Anspruch auf Vornahme oder Unterlassung einer (gesellschaftsvertraglich und gesetzlich nicht geregelten) Handlung aus §§ 705 Abs. 1, 242 BGB
   a) Abschluss eines GbR-Gesellschaftsvertrages
   b) In Anspruch genommener Gesellschafter der GbR
   c) Rechtsfolge
      Individuell nach den Umständen des Einzelfalles zu bestimmende Treuepflicht aus § 242 BGB, z.B.
      - Wettbewerbsverbot bei unternehmerisch tätiger BGB-Gesellschaft
      - Zustimmungspflicht zu dringend erforderlichen Änderungen des Gesellschaftsvertrages.

Die Geltendmachung von Sozialansprüchen der Gesellschaft gegen ihre Gesellschafter erfolgt regelmäßig durch den oder die Geschäftsführer (ausnahmsweise im Wege der Gesellschafterklage gem. § 715b BGB durch Mitgesellschafter).

Übersicht 4 16

Individualansprüche der Mitgesellschafter gegen einen Gesellschafter

1. Beitragspflicht, §§ 705 Abs. 1, 709 Abs. 1 BGB
   - vgl. Übersicht 3 Punkt 1 Rn. 15
2. Geschäftsführungspflicht, § 716 BGB
   - vgl. Übersicht 3 Punkt 2 Rn. 15
3. Treuepflicht, § 242 BGB
   - vgl. Übersicht 3 Punkt 3 Rn. 15

   Von den Regelungen des Schuldrechts finden auf die Individualansprüche eines Gesellschafters gegen seine Mitgesellschafter
   - die §§ 241 ff. BGB Anwendung,
   - § 320 BGB keine Anwendung, es sei denn, die GbR besteht lediglich aus zwei Gesellschaftern,
   - die §§ 323–326 BGB keine Anwendung.

Übersicht 5 17

Ansprüche eines Gesellschafters aus Drittbeziehungen zur Gesellschaft

1. Anspruch gegen die GbR aus §§ …, 705 Abs. 2 Alt. 1 BGB
   a) Bestehen des Anspruchs gegen die Gesellschaft (vgl. Rn. 5, B. I. 1. a)
   b) Ggf. Rücksichtnahmepflicht aus Treuepflicht
2. Anspruch gegen Mitgesellschafter aus §§ …, 721 BGB
   a) Bestehen des Anspruchs gegen die Mitgesellschafter (vgl. Rn. 10, B. I. 1.b)
   b) Befriedigung durch Gesellschaft nicht möglich/zu erwarten
   c) Abzug eigenen Verlustanteils

Übersicht 6 18

Entscheidung in Gesellschaftsangelegenheiten

1. Beschlussfassung über **laufende Geschäftsführung**
   a) Erforderlichkeit eines Beschlusses
      - Aufgrund entsprechender Regeln im Gesellschaftsvertrag, § 708 BGB
      - Maßnahmen der gemeinschaftlichen Geschäftsführung, § 715 Abs. 1 BGB
      - Entziehung der Geschäftsführungsbefugnis, § 715 Abs. 5 BGB
      - Entziehung der Vertretungsbefugnis, § 720 Abs. 4 BGB
   b) Zu beteiligende Gesellschafter
      - Grds. alle geschäftsführungsbefugten Gesellschafter
      - Ausnahme: Beschlussfassung den „anderen Gesellschafter(n)" übertragen (vgl. § 715 Abs. 4 BGB) oder Analogie zu §§ 34 BGB, 47 Abs. 4 GmbHG, 136 Abs. 1 AktG
   c) Erforderliche Mehrheit
      - Grds. Einstimmigkeit, § 715 Abs. 1 BGB
      - Gesellschaftsvertraglich abweichende Regelung möglich, § 708 BGB
   d) Wirksamkeit
      §§ 104 ff., 134, 138 BGB
2. Entscheidungen über Änderungen des Gesellschaftsvertrages (**Grundlagenbeschlüsse**)
   a) Gegenstand
      Änderungen des Gesellschaftsvertrages
   b) Zu beteiligende Gesellschafter
      Alle Gesellschafter, d. h. auch die von der Geschäftsführung ausgeschlossenen; § 714 BGB
   c) Mehrheitsverhältnisse
      - Grds. Einstimmigkeit
      - Mehrheitsentscheidungen bei entsprechender gesellschaftsvertraglicher Regelung gem. § 708 BGB möglich
   d) Wirksamkeit
      §§ 104 ff., 134, 138 BGB

19 **Übersicht 7**

Beteiligungen an Gewinn und Verlust

Anspruch auf Gewinnbeteiligung/Verpflichtung zur Verlusttragung aus § 718 BGB
1. Existenz einer BGB-Gesellschaft
2. Anspruchsteller/Anspruchsgegner Gesellschafter der GbR
3. Rechtsfolge
   Anspruch auf Gewinnbeteiligung nach näherer Maßgabe des § 709 Abs. 3 BGB
   a) Vorrang gesellschaftsvertraglicher Regelungen, § 708 BGB
   b) Hilfsweise gesetzliche Regelung nach § 709 Abs. 3 BGB
   c) Ermittlung von Verlusten und Aufteilung auf die Kapitalkonten der Gesellschafter durch § 718 BGB (Gewinnverteilung) nicht ausgeschlossen
   d) Nachschusspflicht wegen § 710 BGB erst im Rahmen der Liquidation, § 737 BGB

20 **Übersicht 8**

Mitverwaltungsrechte

1. Individuelles Informationsrecht des einzelnen Gesellschafters
   Anspruch aus § 717 Abs. 1 BGB gegen die Gesellschaft
   a) Existenz einer GbR
   b) Anspruchsteller Gesellschafter der GbR
   c) Rechtsfolge
      – Primäres Recht auf Einsicht in die Unterlagen der Gesellschaft und Anfertigung von Auszügen, § 717 Abs. 1 S. 1 BGB
      – Ergänzendes Recht auf Auskunft über Gesellschaftsangelegenheiten, wenn Einsichtsrecht für Informationsrecht unzureichend, § 717 Abs. 1 S. 2 BGB
      – Kontrolle beschränkender Regelungen des Gesellschaftsvertrages, § 717 Abs. 1 S. 3 BGB
2. Kollektives Informationsrecht der Gesellschaft
   Anspruch aus § 717 Abs. 2 BGB gegen die geschäftsführenden Gesellschafter
   a) Existenz einer GbR
   b) Anspruchsteller GbR
   c) Anspruchsgegner geschäftsführende Gesellschafter
   d) Rechtsfolge
      – Informationspflicht der geschäftsführenden Gesellschafter nach § 717 Abs. 2 S. 1 BGB
      – Kein gesellschaftsvertraglicher Ausschluss, wohl aber ggf. Beschränkung, nach § 717 Abs. 2 S. 2 BGB

Vertiefungshinweise

a) Zur Bedeutung und Reichweite der Treuepflicht in der BGB-Gesellschaft siehe Grüneberg-Sprau, BGB, 83. Aufl. 2024, § 705 Rn. 20 ff.
b) Zur Geltendmachung von Sozialansprüchen der Gesellschaft durch die oder den Geschäftsführer und dem Verhältnis zur Gesellschafterklage BGH WM 1985, 1227 f.; zu § 715b BGB siehe auch BT-Drucksache 19/27635, S. 154 ff.
c) Zum Vorrang der Geltendmachung von Ansprüchen gegenüber der Gesellschaft vor Geltendmachung von Ansprüchen gegenüber den Mitgesellschaftern bei Ansprüchen eines Gesellschafters aus einer Drittbeziehung siehe K. Schmidt, Gesellschaftsrecht, 4. Aufl. Köln 2002, § 49 I 2 b.
d) Zur Verpflichtung, bei Geltendmachung von Ansprüchen aus einer Drittbeziehung durch einen Gesellschafter gegenüber der Gesellschaft vorab den eigenen Verlustanteil abzuziehen, siehe BGH WM 1983, 30 ff.
e) Zu den an einer Beschlussfassung zu beteiligenden Gesellschaftern siehe Hopt, Gesellschaftsrecht, 4. Aufl. München 1996, Rn. 373.
f) Zur Notwendigkeit der Beteiligung aller Gesellschafter bei Änderung der Grundlagen des Gesellschaftsvertrages und zur Nichtgeltung der gesellschaftsvertraglichen und gesetzlichen Geschäftsführungs- und Vertretungsregelungen in diesen Fällen siehe RGZ 162, 370 ff.; zu §§ 714, 715 BGB und der Unterscheidung zwischen Geschäftsführung und Grundlagengeschäft vgl. auch BT-Drucksache 19/27635; S. 149.
g) Zur einschränkungslosen Geltung allgemeiner Auslegungsgrundsätze bei Erstreckung einer im Gesellschaftsvertrag enthaltenen Mehrheitsklausel auf sogenannte Grundlagenbeschlüsse und zu deren Inhaltskontrolle siehe BGH NJW 2015, 859 ff.

d) Verfügungen über das Gesellschaftsvermögen 22

In einer BGB-Gesellschaft kann durch die Beitragsleistungen der Gesellschafter und sonstige Geschäfte ein gemeinsames Vermögen, das sogenannte Gesellschaftsvermögen, aufgebaut werden. Dieses Vermögen unterlag als sogenanntes Gesamthandsvermögen bis zur Reform des Personengesellschaftsrechts durch das MoPeG besonderen Regelungen. Nunmehr stellt § 713 BGB klar, dass es sich dabei um das Vermögen der rechtsfähigen BGB-Gesellschaft handelt.

Eine Klausur, die sich ausschließlich mit Fragen des Gesellschaftsvermögens befasst, wird relativ selten sein. Allerdings können die in § 713 BGB getroffenen Regelungen über die **Zugehörigkeit zum Gesellschaftsvermögen** im Rahmen von Aufgabenstellungen angesprochen werden, die die Wirksamkeit von Verfügungen über Gegenstände bzw. Forderungen zugunsten der Gesellschaft thematisieren. Entsprechendes gilt für die Regelung des § 722 BGB, der sich mit der Frage beschäftigt, unter welchen Voraussetzungen bei Ansprüchen gegen eine BGB-Gesellschaft Zwangsvollstreckungsmaßnahmen gegen die Gesellschaft und deren Gesellschafter zulässig sind.

Übersicht 9: Gesellschaftsvermögen der GbR 23

Erwerb der GbR gem. § 713 BGB?

1. Zugehörigkeit zum Gesellschaftsvermögen gem. § 713 BGB?
   - Beiträge der Gesellschafter nur bei Übertragung vom Gesellschafter auf die Gesellschaft gem. § 929 (930, 931) BGB
   - Von der Gesellschaft gem. § 929 (930, 931 BGB) erworbene Sachen
   - Zulasten der Gesellschaft begründete Verbindlichkeiten aus Vertrag, Delikt und ungerechtfertigter Bereicherung
2. Rechtsfolge
   - Zwangsvollstreckung gegen die GbR nur bei einem gegen die Gesellschaft gerichteten Vollstreckungstitel (Vollstreckungstitel gegen alle Gesellschafter reicht nicht), § 722 Abs. 1 BGB
   - Trotz akzessorischer Haftung der Gesellschafter nach § 721 BGB keine Vollstreckung aus dem Vollstreckungstitel gegen die Gesellschaft gegen deren Gesellschafter, § 722 Abs. 2 BGB

Das vorstehende Schema kann entsprechend auf andere Verfügungstatbestände, wie z. B. §§ 398, 873, 925 ff. BGB, übertragen werden. 24

Vertiefungshinweise 25

a) Zur Zuordnung des Gesellschaftsvermögens der Außen-GbR zur Gesellschaft als Folge der Anerkennung der Rechtsfähigkeit dieser Gesellschaft siehe Grüneberg-Sprau, BGB, 83. Aufl. 2024, § 713; zu § 713 BGB vgl. auch BT/Drucksache 19/27635, S. 148 f.
b) Zur aktuellen Fassung der §§ 713, 722 BGB siehe u. a. BT-Drucksache 19/27635, S. 148f. und 168 f.

2. Offene Handelsgesellschaft

Über § 105 Abs. 3 HGB gelten die zur GbR getroffenen Aussagen entsprechend für die OHG, sofern in den §§ 105 ff. HGB nicht etwas anderes vorgeschrieben ist. Dieser gesetzlichen Systematik folgend werden hier nur diejenigen Ansprüche und Fragestellungen erörtert, für die in den §§ 105 ff. HGB besondere Regelungen enthalten sind. Ergänzend zu den in diesem Abschnitt behandelten Ansprüchen und Fragestellungen muss daher vom Bearbeiter auch auf die Ausführungen zur GbR zurückgegriffen werden, um einen vollständigen Überblick über die die OHG betreffenden Ansprüche und Fragestellungen zu erhalten. 26

a) Ansprüche gegen die Gesellschaft

27 Ebenso wie bei der Prüfung von Ansprüchen gegen die GbR ist bei der Erörterung von **Ansprüchen gegen eine OHG** die Prüfung der gesellschaftsrechtlichen Fragestellungen in den allgemeinen Anspruchsaufbau zu integrieren. Dies bedeutet, dass die Prüfung bei einer konkreten Anspruchsgrundlage (z.B. § 433 Abs. 1 oder § 823 Abs. 1 BGB) i.V.m. § 105 Abs. 2 HGB ansetzt. Im Rahmen der Prüfung der Voraussetzungen der Anspruchsgrundlage können sodann sämtliche einschlägigen gesellschaftsrechtlichen Fragestellungen abgehandelt werden. Dabei handelt es sich um die Frage,
- ob überhaupt eine OHG besteht,
- ob die OHG nach außen wirksam geworden ist und
- ob die OHG im konkreten Fall tatsächlich Träger von (Rechten und) Pflichten geworden ist.

Darüber hinaus sind in einer Klausur auch Fragestellungen anzutreffen, die gezielt einen bestimmten Problempunkt ansprechen (Beispiel: Welche Gesellschaft besteht zwischen A und B?). Bei derartigen Fallfragen ist nur der jeweils einschlägige Teil des nachfolgend dargestellten Prüfungsablaufs zu erörtern.

28 **Übersicht 10: Ansprüche gegen eine OHG**

Anspruch aus §§ ..., 105 Abs. 2 HGB

1. Bestehen einer OHG (§ 105 HGB)
   a) Wirksamer **Vertrag** i. S. d. § 705 BGB
      aa) Mindestens 2 Vertragsparteien (natürliche Personen, juristische Personen oder Personengesellschaften, vgl. zur Gesellschafterfähigkeit der GbR § 707a Abs. 1 S. 2 BGB)
      bb) Wirksamkeit gem. §§ 104 ff. BGB
      cc) Grds. formlos (Ausnahme bei formbedürftigen Leistungsversprechen, z. B. gem. § 311 b Abs. 1 BGB)
      dd) Keine Haftungsbeschränkung gegenüber Gesellschaftsgläubigern
   b) Gerichtet auf **gemeinsamen Zweck**
      aa) Zweck: Nur die in §§ 105 Abs. 1 und 107 Abs. 1 HGB genannten (Abgrenzung zur GbR)
      - Handelsgewerbe nach §§ 1, 105 Abs. 1 HGB
      - In das Handelsregister eingetragenes Kleingewerbe nach §§ 2, 107 Abs. 1 S. 1 HGB
      - In das Handelsregister eingetragenes land- oder forstwirtschaftliches Unternehmen nach §§ 3, 107 Abs. 1 S. 1 HGB
      - In das Handelsregister eingetragene Verwaltung eigenen Vermögens, § 107 Abs. 1 S. 1 HGB
      - In das Handelsregister eingetragene Ausübung eines Freien Berufes, sofern das anwendbare Berufsrecht die Eintragung zulässt, § 107 Abs. 1 S. 2 HGB

      bb) Gemeinsam
      Zweckidentität = alle Parteien verfolgen gem. vertraglicher Vereinbarung denselben Zweck
   c) **Förderpflicht** der Vertragsparteien
   Gem. § 709 Abs. 1 BGB jede Förderung des gemeinsamen Zwecks, insbesondere durch Übertragung oder Überlassung von Sachen und Rechten sowie durch die Erbringung von Dienstleistungen
2. **Verpflichtung der OHG**
   a) Wirksamwerden der OHG gegenüber Dritten (Anspruchsteller) nach § 123 HGB
   - Grds. ab Eintragung im Handelsregister, § 123 Abs. 1 S. 1 HGB
   - Ausnahmsweise bei Teilnahme am Rechtsverkehr mit Zustimmung aller Gesellschafter in den Fällen der §§ 1, 105 Abs. 1 HGB (Istkaufmännische Tätigkeit), § 123 Abs. 1 S. 2 HGB

   b) Begründung eines Anspruchs gegenüber der OHG
   - Vertragliche Erfüllungsansprüche: Vertretung der Gesellschaft durch Gesellschafter gem. §§ 124 HGB, 164 ff. BGB
   - Vertragliche Schadensersatzansprüche: Zurechnung von Gesellschafterhandlungen gem. § 31 BGB/ § 278 BGB
   - Deliktische Schadensersatzansprüche: Zurechnung von Gesellschafterhandlungen gem. § 31 BGB, regelmäßig nicht nach § 831 BGB
   - Ausgleich von Bereicherungen gem. §§ 812 ff. BGB bei Bereicherung der Gesellschaft

Fall 3 (ca. 1,5 Stunden)

Die aus den Gesellschaftern A und B bestehende A & B OHG betreibt seit dem Jahr 01 einen kleinen Einzelhandel mit Textilien und ist in das Handelsregister eingetragen. Im Dezember des Jahres 07 beschädigt A während seiner Tätigkeit für die A & B OHG fahrlässig die Eingangstür des von der Gesellschaft seit dem Jahre 01 von Vermieter V angemieteten Ladenlokals, wodurch ein Schaden in Höhe von 5.000 Euro entsteht. 29

Hat V gegen die A & B OHG einen durchsetzbaren vertraglichen Schadensersatzanspruch in Höhe von 5.000 Euro?

Lösung:

V könnte gegen die A & B OHG einen Anspruch auf Zahlung von Schadensersatz in Höhe von 5.000 Euro aus einer vertraglichen Nebenpflichtverletzung des Mietvertrages gem. §§ 280 Abs. 1, 241 Abs. 2 BGB i. V. m. § 105 Abs. 2 HGB haben.

Dies setzt voraus, dass eine nach außen wirksame OHG besteht, die V nach §§ 280 Abs. 1 BGB, 124 Abs. 1 HGB Schadensersatz wegen der Verletzung einer Verpflichtung nach § 241 Abs. 2 BGB in Höhe von 5.000 Euro schuldet.

Eine nach außen wirksame OHG besteht, wenn die Gesellschafter der A & B OHG einen Vertrag i. S. d. § 105 Abs. 1 HGB geschlossen haben und zudem die Voraussetzungen des § 123 Abs. 1 HGB erfüllt sind.

Ein Vertrag i. S. d. § 105 HGB liegt vor, wenn A und B einen Gesellschaftsvertrag gem. § 705 BGB geschlossen haben, der auf die gemeinsame Verfolgung eines der in § 105 Abs. 1 oder § 107 Abs. 1 HGB genannten Zwecke gerichtet ist.

Ohne Zweifel haben A und B einen Vertrag i. S. d. § 705 BGB geschlossen. Fraglich ist jedoch, ob der Gesellschaftsvertrag auf den Betrieb eines Handelsgewerbes unter einer gemeinschaftlichen Firma i. S. d. § 105 Abs. 1 HGB gerichtet ist. Dies wäre nach § 1 Abs. 2 HGB nur dann der Fall, wenn die Gesellschafter gemeinschaftlich ein Gewerbe betreiben, das nach Art und Umfang einen in kaufmännischer Weise eingerichteten Geschäftsbetrieb erfordert. Bei dem von der A & B OHG betriebenen Textileinzelhandelsunternehmen handelt es sich zweifellos um ein Gewerbe. Da die OHG jedoch lediglich einen kleinen Einzelhandel mit Textilien betreibt, ist es fraglich, ob dieses Gewerbe nach Art und Umfang einen in kaufmännischer Weise eingerichteten Geschäftsbetrieb erfordert. Entscheidend dafür sind nach der Aufnahme des Betriebes und dem Ablauf einer gewissen Anlaufphase der tatsächliche Umfang und die tatsächliche Art der Geschäfte. Diese sprechen hier eher gegen die Annahme, dass zum Betrieb des Gewerbes der Gesellschaft ein in kaufmännischer Weise eingerichteter Geschäftsbetrieb erforderlich ist. Letztlich kann diese Frage jedoch dahingestellt bleiben. Da die Firma des Unternehmens in das Handelsregister eingetragen ist, haben A und B zumindest einen Vertrag i. S. d. § 107 Abs. 1 S. 1 HGB geschlossen.

Im Innenverhältnis zwischen den Gesellschaftern ist somit ein Vertrag über die Errichtung einer OHG zustande gekommen.

Die errichtete OHG ist dann nach außen wirksam geworden, wenn die Voraussetzungen des § 123 Abs. 1 HGB erfüllt sind. Nach § 123 Abs. 1 S. 1 HGB tritt die Wirksamkeit einer offenen Handelsgesellschaft gegenüber Dritten spätestens zu dem Zeitpunkt ein, in welchem die Gesellschaft in das Handelsregister eingetragen wird. Dies war bezüglich der A & B OHG seit ihrer Gründung im Jahre 01 der Fall.

Daher besteht eine nach außen wirksame OHG.

Weiterhin müsste die A & B OHG dem V gemäß § 105 Abs. 2 HGB für die von A begangene Beschädigung der Eingangstür Schadensersatz schulden.

Dies ist dann der Fall, wenn die A & B OHG für das Verhalten des A einstehen muss und dieses Verhalten im Übrigen die Voraussetzungen der §§ 280 Abs. 1, 241 Abs. 2 BGB erfüllt.

Eine Einstandspflicht der A & B OHG für das Verhalten des A könnte sich aus § 31 BGB ergeben. Unmittelbar ist diese Vorschrift nur auf Vereine und die zum Gesellschaftstyp der Vereine gehörenden Körperschaften anwendbar. Als Personengesellschaft gehört die A & B OHG jedoch nicht zu den Körperschaften. Daher scheidet die direkte Anwendung des § 31 BGB auf die A & B OHG aus.

Vorliegend kommt jedoch eine analoge Anwendung des § 31 BGB auf die A & B OHG in Betracht. Eine analoge Anwendung setzt eine planwidrige Regelungslücke und eine der gesetzlichen Regelung des § 31 BGB vergleichbare Interessenlage voraus.

Wegen des Fehlens einer § 31 BGB entsprechenden Regelung für den Bereich der Personengesellschaften besteht bei der OHG eine planwidrige Regelungslücke im Hinblick auf die Haftung dieser

Gesellschaften für ihre Organe. Da auch die haftungsrechtliche Interessenlage bei der OHG wegen der u. a. in § 105 Abs. 2 HGB zum Ausdruck kommenden Verselbstständigung der OHG mit derjenigen der Körperschaften vergleichbar ist, ist es allgemein anerkannt, dass § 31 BGB analog auf Handlungen geschäftsführungs- und vertretungsbefugter Gesellschafter einer OHG als deren „verfassungsmäßig berufener Vertreter" anzuwenden ist, sofern der betreffende Gesellschafter „in Ausführung der ihm zustehenden Verrichtungen" gehandelt hat.

Mangels anderweitiger Anhaltspunkte ist davon auszugehen, dass A geschäftsführungs- und vertretungsbefugter Gesellschafter der A & B OHG und somit deren verfassungsgemäß berufener Vertreter war. Ein Handeln des A in Ausführung der ihm zustehenden Verrichtungen ist gegeben, wenn zwischen seinem Aufgabenkreis und seiner Handlung ein sachlicher Zusammenhang besteht. Als Gesellschafter der A & B OHG oblag dem A u. a. der sorgfältige Umgang mit dem von der Gesellschaft gemieteten Ladenlokal. Zwischen diesem Aufgabenbereich und der Beschädigung der Eingangstür besteht ein sachlicher Zusammenhang.

Daher muss die A & B OHG für das Verhalten des A bei der Zerstörung der Eingangstür einstehen.

Das Verhalten der A & B OHG erfüllt dann die Voraussetzungen der §§ 280 Abs. 1, 241 Abs. 2 BGB, wenn zwischen der Gesellschaft und V ein Schuldverhältnis besteht und die A & B OHG eine aus diesem Schuldverhältnis folgende Verpflichtung in von ihr zu vertretender Weise verletzt hat. Weiterhin müsste diese Pflichtverletzung der A & B OHG ursächlich für den dem V entstandenen Schaden sein.

Zwischen V und der A & B OHG besteht ein Schuldverhältnis, nämlich ein Mietvertrag.

Die A & B OHG hat aufgrund der ihr entsprechend § 31 BGB zurechenbaren Handlung des A eine aus dem mit V geschlossenen Mietvertrag folgende Nebenpflicht, nämlich die Mietsache sorgsam und vertragsgemäß zu behandeln (vgl. § 538 BGB), verletzt.

Diesen Pflichtverstoß hat die OHG, die sich das fahrlässige Verhalten des A entsprechend § 31 BGB zurechnen lassen muss, gemäß § 276 Abs. 1 S. 1 BGB auch zu vertreten.

Aufgrund der Pflichtverletzung der A & B OHG ist dem V ein Schaden in Höhe von 5.000 Euro entstanden.

Somit hat V gegen die A & B OHG einen vertraglichen Schadensersatzanspruch in Höhe von 5.000 Euro aus §§ 280 Abs. 1, 241 Abs. 2 BGB i. V. m. § 105 Abs. 2 HGB.

30 **Beachte:**

Die Prüfung ist auf diejenigen Probleme zu beschränken, die durch den Sachverhalt vorgegeben sind. Auf jeden Fall sollte jedoch die Frage angesprochen werden, ob die Gesellschaft in Abgrenzung zur BGB-Gesellschaft einen der in §§ 105 Abs. 1 oder 107 Abs. 1 HGB genannten Zwecke verfolgt und ob sie nach näherer Maßgabe des § 123 Abs. 1 HGB auch im Außenverhältnis wirksam geworden ist. Dabei kann eine ausführliche Prüfung der Frage nach dem Vorliegen der Voraussetzungen der §§ 1, 105 Abs. 1 HGB dann unterbleiben, wenn die Gesellschaft in das Handelsregister eingetragen und daher jedenfalls die Voraussetzungen der §§ 2, 107 Abs. 1 HGB erfüllt sind. Wegen des im Gesetzeswortlaut angeordneten Vorrangs der Regelungen der §§ 1, 105 Abs. 1 HGB vor den Regelungen der §§ 2, 107 Abs. 1 HGB (...eine Gesellschaft, deren Gewerbebetrieb nicht schon nach § 1 Abs. 2 Handelsgewerbe ist...) sollten eventuelle Zweifel am Vorliegen der Voraussetzungen der §§ 1, 105 Abs. 1 HGB jedoch kurz angesprochen werden. Ob diese Zweifel berechtigt sind, kann im Gutachten sodann unter Hinweis auf den Umstand offenbleiben, dass „jedenfalls" die Voraussetzungen der §§ 2, 107 Abs. 1 HGB erfüllt sind.

31 **Vertiefungshinweise**

Zur analogen Anwendung des § 31 BGB siehe für die OHG BGH NJW 1966, 1807 und für die GbR BGH NJW 2003, 1445 ff.

b) Ansprüche gegen die Gesellschafter

32 Die Prüfung von **Ansprüchen gegen die Gesellschafter** einer OHG kann entweder als Ergänzung zu einer Prüfung von Ansprüchen gegen die Gesellschaft erforderlich werden (Beispiel: Von wem kann A Zahlung des Kaufpreises verlangen?) oder als selbstständige Prüfung „unter Umgehung" der Erörterung der gegenüber der Gesellschaft bestehenden Ansprüche erfolgen (Beispiel: Kann A von B Zahlung des Kaufpreises verlangen?). Für diese Prüfung gelten die Ausführungen zur GbR unter Punkt B.I.1.b, Rn. 9 entsprechend.

Übersicht 11: Ansprüche gegen die Gesellschafter einer OHG 33

Anspruch aus §§ ..., 126 HGB

1. Bestehen einer nach außen wirksamen OHG
   - Vgl. die Ausführungen Rn. 28 unter Punkt B. I. 2. a
2. Haftung des Gesellschafters
   a) Bestehen einer Schuld der Gesellschaft (vgl. Rn. 28, B. I. 2. a)
   b) Betreffender im Zeitpunkt der Begründung des Anspruchs Gesellschafter der OHG (§ 126 HGB) oder nach Begründung des Anspruchs Gesellschafter der OHG geworden (§ 127 HGB)
3. Einwendungen des Gesellschafters
   - Persönliche Einwendungen gegenüber dem Gläubiger
   - Einwendungen der Gesellschaft gem. § 128 Abs. 1 HGB
   - Leistungsverweigerungsrecht bei Anfechtungsbefugnis, Aufrechnungsmöglichkeit oder anderem Gestaltungsrecht der Gesellschaft gem. § 128 Abs. 2 HGB
4. Enthaftung des ausgeschiedenen Gesellschafters, § 137 HGB
   - Anspruch nicht innerhalb von fünf Jahren fällig
   - Innerhalb von fünf Jahren fälliger Anspruch nicht innerhalb dieses Zeitraums geltend gemacht

Fall 4 (ca. 3 Stunden)

Im Jahre 02 war C als weiterer Gesellschafter in die A & B OHG (Fall 3) eingetreten, nach Unstimmigkeiten mit A und B im Jahre 03 allerdings wieder einvernehmlich aus der Gesellschaft ausgeschieden. Dies wurde am 1.12.03 in das Handelsregister eingetragen und bekannt gemacht. Im Dezember des Jahres 07 wendet sich V nach Eintritt der Zahlungsunfähigkeit der A & B OHG an V und verlangt von diesem Zahlung der fälligen Miete für das Ladenlokal für den Monat November 07. C wendet u. a. ein, V solle doch mit seiner Forderung auf Zahlung von Miete für den Monat November 07 gegen einen fälligen Darlehensrückzahlungsanspruch der OHG in gleicher Höhe gegen ihn aufrechnen. 34

Kann V gegen C den vorstehend genannten Anspruch durchsetzen?

Lösung:

V könnte gegen C einen Anspruch auf Zahlung der Miete für den Monat November 07 aus §§ 535 Abs. 2 BGB, 127 HGB haben.

Dies setzt voraus, dass eine nach außen wirksame OGH besteht, die V Miete für den Monat November 07 gem. §§ 535 Abs. 2 BGB, 127 HGB schuldet. Weiterhin müsste C nach der Begründung der Verbindlichkeit Gesellschafter der OHG geworden sein (zur Existenz einer nach außen wirksamen OHG siehe oben Fall 3 Rn. 29).

Weiterhin müsste die A & B OHG dem V gemäß §§ 535 Abs. 2 BGB, 105 Abs. 2 HGB die Miete für den Monat November 07 schulden. Dies ist der Fall. Somit sind die Voraussetzungen für einen Anspruch aus § 535 Abs. 2 BGB gegen die A & B OHG erfüllt.

Für eine Haftung des C nach § 127 HGB ist weiterhin erforderlich, dass die Verbindlichkeit der A & B OHG vor dem Eintritt des C in die Gesellschaft begründet worden ist. Stellt man hierfür auf den Zeitpunkt des Abschlusses des Mietvertrages ab, ist diese Voraussetzung zu bejahen. Stellt man dagegen auf den Zeitpunkt ab, zu dem die Miete fällig geworden ist, wäre diese Voraussetzung zu verneinen. Daher ist zu klären, zu welchem Zeitpunkt die Verbindlichkeit der A & B OHG entstanden ist. Nach der Rechtsprechung des BGH wird eine Verbindlichkeit zu dem Zeitpunkt begründet, indem der Rechtsgrund dieser Verbindlichkeit gelegt wird (sog. Wurzeltheorie). So reicht für die Begründung einer Verbindlichkeit gem. § 631 Abs. 1 BGB der Abschluss eines Werkvertrages selbst dann aus, wenn das Werk erst später erstellt wird. Begründet wird dies im Hinblick auf die Haftung evtl. nach dem Vertragsschluss ausscheidender Gesellschafter nach § 126 S. 1 HGB damit, dass der im Zeitpunkt des Vertragsschlusses bestehende Haftungsbestand für den Gläubiger erhalten werden solle. Überträgt man diesen Gedanken auf unseren Fall, so ist für die Frage der Entstehung der Verbindlichkeit auf den Zeitpunkt des Abschlusses des Mietvertrages abzustellen. Durch den Abschluss dieses Vertrages wurde die Wurzel für spätere Mietansprüche des V gelegt.

Daher wurde die Verbindlichkeit der OHG aus § 535 Abs. 2 BGB vor dem Eintritt des C in die OHG begründet.

Als Zwischenergebnis ist daher festzuhalten, dass V gegen C einen Anspruch auf Zahlung von Miete für den Monat November 07 aus §§ 535 Abs. 2 BGB, 127 HGB hat.

Fraglich ist jedoch, ob der Anspruch des V gegen C gemäß § 137 Abs. 1 S. 1 HGB ausgeschlossen ist.

Dies wäre dann nicht der Fall, wenn C zwar aus der A & B OHG ausgeschieden ist und im Zeitpunkt seines Ausscheidens die Verbindlichkeit der A & B OHG aus § 535 Abs. 2 BGB bereits begründet war, jedoch die Verbindlichkeit der Gesellschaft vor Ablauf von 5 Jahren nach dem Ausscheidens des C fällig geworden ist und zudem entsprechende Ansprüche gegen C in der in § 137 Abs. 1 S. 1 HGB näher bezeichneten Weise geltend gemacht worden sind.

C ist aus der A & B OHG ausgeschieden, wobei im Zeitpunkt seines Ausscheidens der Anspruch des V aus § 535 Abs. 2 BGB bereits begründet war (vgl. oben). Der Anspruch des V ist zudem vor Ablauf von 5 Jahren nach der für den Fristlauf gemäß § 137 Abs. 1 S. 3 HGB entscheidenden Eintragung des Ausscheidens des C in das Handelsregister fällig geworden und kann auch noch vor Ablauf von 5 Jahren nach Eintragung des Ausscheidens des C in das Handelsregister gegen diesen geltend gemacht werden.

Daher ist der Anspruch des V gegen C aus §§ 535 Abs. 2 BGB, 127 HGB nicht gemäß § 137 Abs. 1 S. 1 HGB ausgeschlossen.

C könnte die Erfüllung des Anspruchs des V aus §§ 535 Abs. 2 BGB, 127 HGB jedoch ggf. nach § 129 Abs. 2 HGB verweigern.

Dies setzt nach § 129 Abs. 2 HGB voraus, dass die OHG mit ihrem Darlehensrückzahlungsanspruch aus § 488 Abs. 1 S. 2 BGB gegen den Anspruch des V aus §§ 535 Abs. 2 BGB, 105 Abs. 2 HGB gem. § 387 BGB aufrechnen kann. Somit kommt es nicht auf die Aufrechnungsmöglichkeit des V, sondern der OHG an. Da die A & B OHG mit ihrem Anspruch auf Rückzahlung des Darlehens aus § 488 Abs. 1 S. 2 BGB gegen den Anspruch des V aus §§ 535 Abs. 2 BGB, 105 Abs. 2 HGB aufrechnen kann (Voraussetzungen im Einzelnen prüfen!), kann C bis zur endgültigen Entscheidung der OHG über die Aufrechnung die Befriedigung des V gem. § 128 Abs. 2 HGB verweigern.

V hat daher gegen C zurzeit keinen durchsetzbaren Anspruch auf Zahlung von Miete für den Monat November 07 aus §§ 535 Abs. 2 BGB, 127 HGB.

35 **Beachte:**

Während das Vorliegen der Voraussetzungen des § 126 HGB im Gutachten stets zu prüfen ist, sind mögliche Einwendungen und Einreden (§§ 128, 137 f. HGB) dort nur dann zu erörtern, wenn der Sachverhalt Anhaltspunkte dafür enthält.

36 **Vertiefungshinweise**

Zur Haftung des Gesellschafters für sämtliche Schulden, deren Rechtsgrund vor seinem Ausscheiden gelegt worden sind (Wurzeltheorie) siehe Hopt, HGB, 43. Aufl. München 2024, § 126 Rn. 29 ff. und BGH NJW 1986, 1690 f.

c) Rechte und Pflichten der Gesellschafter

37 Aufgrund der in § 105 Abs. 3 HGB angeordneten **subsidiären Geltung der §§ 705 ff. BGB** für die OHG kann hinsichtlich der Rechte und Pflichten der Gesellschafter dieser Gesellschaftsform grundsätzlich auf die entsprechenden Ausführungen zur GbR (B. I.1.c, Rn. 14 ff.) verwiesen werden. Nachfolgend werden daher ausschließlich diejenigen Fälle dargestellt, in denen die Rechte und Pflichten der OHG-Gesellschafter eine von den Rechten und Pflichten der GbR-Gesellschafter abweichende Regelung erfahren haben.

Übersichten 12–15: Gesellschafterrechte und -pflichten in der OHG

38 **Übersicht 12**

Mitwirkung bei der Geschäftsführung

Anspruch der Gesellschaft/Recht der Gesellschafter auf Mitwirkung bei der Geschäftsführung aus §§ 105 Abs. 1, 107 Abs. 1 HGB, 705 BGB

1. Existenz eines OHG-Vertrages gem. § 105 Abs. 1 oder § 107 Abs. 1 HGB

2. In Anspruch genommene Person/Gesellschafter der OHG
3. Fehlen spezieller gesellschaftsvertraglicher Regelungen gem. § 108 HGB
4. Keine Kündigung der Geschäftsführungspflicht gem. § 116 Abs. 6 HGB /Keine Entziehung der Geschäftsführungsbefugnis aus wichtigem Grund, § 116 Abs. 5 HGB
5. Rechtsfolge
   Geschäftsführungsrecht und -pflicht, § 116 Abs. 1–4 HGB
   - **Einzelgeschäftsführungsbefugnis** und -pflicht mit Widerspruchsrecht der anderen geschäftsführungsbefugten Gesellschafter **für gewöhnliche Geschäfte** gem. § 116 Abs. 1–3 HGB
   - Gesamtgeschäftsführungsbefugnis und -pflicht für über den gewöhnlichen Betrieb des Handelsgeschäftes hinausgehende Geschäfte gem. § 116 Abs. 2 S. 1 Halbs. 2 HGB

Übersicht 13 39

Wettbewerbsverbot

Anspruch der Gesellschaft auf Unterlassung der Handlung gem. § 117 HGB
1. Existenz eines OHG-Vertrages gem. §§ 105 Abs. 1 oder § 107 Abs. 1 HGB
2. In Anspruch genommener Gesellschafter der OHG
3. Verbotene Wettbewerbshandlung
   - Geschäfte im Handelszweig der Gesellschaft
   - Teilnahme als persönlich haftender Gesellschafter an gleichartiger Handelsgesellschaft
4. Keine Einwilligung der Mitgesellschafter
   - Ausdrückliche Einwilligung
   - Fiktion des § 117 Abs. 2 HGB
5. Rechtsfolge
   - Unterlassungsanspruch nach § 117 Abs. 1 HGB
   - Folgeansprüche aus § 118 Abs. 1 HGB

Übersicht 14 40

Entscheidungen in Gesellschaftsangelegenheiten

1. Erforderlichkeit eines Beschlusses
   - Außergewöhnliche Geschäftsführungsmaßnahmen, § 116 Abs. 2 S. 1 Halbs. 2 HGB
   - Geltendmachung des Eintrittsrechts nach § 118 Abs. 2 HGB
   - Weitere gesellschaftsvertraglich vereinbarte Tatbestände, § 108 HGB
2. Zu beteiligende Gesellschafter
   - § 116 Abs. 2 S. 1 Halbs. 2 HGB: Alle Gesellschafter
   - § 118 Abs. 2 HGB: Alle übrigen Gesellschafter
   - § 108 HGB: Abhängig von der gesellschaftsvertraglich getroffenen Regelung
3. Erforderliche Mehrheit
   - Grds. Einstimmigkeit, § 109 Abs. 3 HGB
   - Gesellschaftsvertraglich abweichende Regelung möglich, § 109 Abs. 4 HGB
   - Für Grundlagenbeschlüsse gelten die Ausführungen zur BGB-Gesellschaft (B. I. 1. C, Rn. 18, 21) uneingeschränkt.

Übersicht 15 41

Gewinne/Verluste

Anspruch auf Beteiligung an Gewinn und Verlust gem. §§ 120 ff. HGB
1. Existenz einer OHG
2. Anspruchsteller/Anspruchsgegner Gesellschafter einer OHG
3. Rechtsfolge
   Anspruch auf Gewinnbeteiligung bzw. Pflicht zur Verlusttragung nach näherer Maßgabe der §§ 120 f. HGB
   a) Vorrang gesellschaftsvertraglicher Regelungen
   b) Hilfsweise gesetzliche Regelung nach §§ 120 Abs. 1 HGB, 709 Abs. 3 BGB
   c) Zu- und Abschreibungen vom Kapitalkonto der Gesellschafter, § 120 Abs. 2 HGB

3. Kommanditgesellschaft

42 Über § 161 Abs. 2 HGB gelten die zur OHG getroffenen Aussagen entsprechend auch für die KG, sofern in den §§ 161 ff. HGB nicht etwas anderes vorgeschrieben ist. Dies bedeutet, dass auch die in § 105 Abs. 3 HGB enthaltene subsidiäre Verweisung auf das Recht der GbR für die KG Gültigkeit besitzt. Diese Verweisung auf die §§ 705 ff. BGB wird immer dann relevant, wenn für ein bestimmtes Problem weder in den gesetzlichen Vorschriften über die KG (§§ 161 ff. HGB) noch in den gesetzlichen Vorschriften über die OHG (§§ 105 ff. HGB) eine Regelung zu finden ist. Dieser gesetzlichen Systematik entsprechend werden nachfolgend nur diejenigen Ansprüche und Fragestellungen erörtert, für die in den §§ 161 ff. HGB besondere Regelungen enthalten sind. Diese Regelungen betreffen in erster Linie die Rechtsstellung der Kommanditisten.
Ergänzend zu den in diesem Abschnitt behandelten Ansprüchen und Fragestellungen muss vom Bearbeiter auch auf die Ausführungen zur OHG und zur GbR zurückgegriffen werden, um einen vollständigen Überblick über die die KG betreffenden Ansprüche und Fragestellungen zu erhalten.

a) Ansprüche gegen die Gesellschaft und ihre Gesellschafter

43 Ebenso wie bei der Prüfung von Ansprüchen gegen eine OHG oder eine GbR ist bei der Erörterung von **Ansprüchen gegen eine KG** die Prüfung der gesellschaftsrechtlichen Fragestellungen in den allgemeinen Anspruchsaufbau zu integrieren. Zudem bedarf es auch bei der KG der schon bekannten strengen Unterscheidung zwischen Ansprüchen gegen die Gesellschaft und Ansprüchen gegen die Gesellschafter. Insofern kann zunächst auf die entsprechenden Darstellungen zur OHG verwiesen werden (B. I. 2. a und b, Rn. 27 ff., 32 ff.). Dies gilt uneingeschränkt allerdings nur dann, wenn es – wie hier zunächst erörtert – um Ansprüche gegen die Gesellschaft und ihre Komplementäre geht. Für die Kommanditisten gelten dagegen besondere Regelungen (vgl. nachfolgend B. I. 3. b, Rn. 46 ff.). Daraus ergibt sich die Notwendigkeit, bei der Prüfung von Ansprüchen gegen die Gesellschafter einer KG sowohl gedanklich als auch im Prüfungsaufbau deutlich zwischen Komplementären und Kommanditisten zu unterscheiden.

44 **Übersicht 16**

Anspruch gegen die Kommanditgesellschaft

Anspruch aus §§ …, 105 Abs. 2, 161 Abs. 2 HGB

1. Bestehen einer KG (§ 161 Abs. 1 HGB)
   - a) **Wirksamer Vertrag** i. S. d. § 705 BGB
     - aa) Mindestens zwei Vertragsparteien (natürliche Personen, juristische Personen oder Personengesellschaften, vgl. zur Gesellschafterfähigkeit der GbR § 707a Abs. 1 S. 2 BGB)
     - bb) Wirksamkeit gem. §§ 104 ff. BGB
     - cc) Grds. formlos (Ausnahme bei formbedürftigen Leistungsversprechen, z. B. gem. § 311 b Abs. 1 BGB)
   - b) Gerichtet auf **gemeinsamen Zweck (§§ 105 Abs. 1, 107 Abs. 1, 161 Abs. 2 HGB)**
     - aa) Zweck: Nur die in §§ 105 Abs. 1 und 107 Abs. 1 HGB genannten (Abgrenzung zur GbR)
       - Handelsgewerbe nach §§ 1, 105 Abs. 1 HGB
       - In das Handelsregister eingetragenes Kleingewerbe nach §§ 2, 107 Abs. 1 S. 1 HGB
       - In das Handelsregister eingetragenes land- oder forstwirtschaftliches Unternehmen nach §§ 3, 107 Abs. 1 S. 1 HGB
       - In das Handelsregister eingetragene Verwaltung eigenen Vermögens, § 107 Abs. 1 S. 1 HGB
       - In das Handelsregister eingetragene Ausübung eines Freien Berufes, sofern das anwendbare Berufsrecht die Eintragung zulässt, § 107 Abs. 1 S. 2 HGB
     - bb) Gemeinsam
       Zweckidentität = alle Parteien verfolgen gem. vertraglicher Vereinbarung denselben Zweck
   - c) **Förderpflicht** der Vertragsparteien
     Gem. § 709 Abs. 1 BGB jede Förderung des gemeinsamen Zwecks, insbesondere durch Übertragung oder Überlassung von Sachen und Rechten sowie durch die Erbringung von Dienstleistungen

d) Gesellschaftsvertragliche Haftungsregelung (Abgrenzung zur OHG)
   - Mindestens ein unbeschränkt haftender Gesellschafter (**Komplementär**)
   - Mindestens ein beschränkt haftender Gesellschafter (**Kommanditist**)

2. **Verpflichtung der KG**
   a) **Wirksamwerden der KG gegenüber Dritten (Anspruchsteller) nach § 123 Abs. 1, 161 Abs. 2 HGB**
      - Grds. ab Eintragung im Handelsregister, §§ 123 Abs. 1 S. 1, 161 Abs. 2 HGB
      - Ausnahmsweise bei Teilnahme am Rechtsverkehr mit Zustimmung aller Gesellschafter in den Fällen der §§ 1, 105 Abs. 1 HGB (Istkaufmännische Tätigkeit), §§ 123 Abs. 1 S. 2, 161 Abs. 2 HGB
   b) Verpflichtung der KG
      - Vertragliche Erfüllungsansprüche: Organschaftliche Vertretung der Gesellschaft durch Komplementäre gem. §§ 124, 161 Abs. 2, 170 Abs. 1 HGB, §§ 164 ff. BGB (Rechtsgeschäftliche Vertretung durch Kommanditisten möglich)
      - Vertragliche Schadensersatzansprüche: Zurechnung von Handlungen der Komplementäre gem. § 31 BGB/§ 278 BGB (Einsatz der Kommanditisten als Erfüllungsgehilfen i. S. d. § 278 BGB im Einzelfall möglich)
      - Deliktische Schadensersatzansprüche: Zurechnung von Handlungen der Komplementäre gem. § 31 BGB, regelmäßig nicht nach § 831 BGB (ggf. kann auch Kommanditist bei von § 164 HGB abweichender Regelung der Geschäftsführungsbefugnis Organ der KG sein)
      - Ausgleich von Bereicherungen gem. §§ 812 ff. BGB bei Bereicherung der Gesellschaft

Übersicht 17 45

Anspruch gegen die Komplementäre

Anspruch aus §§ ..., 126, 161 Abs. 2 HGB

1. Bestehen einer nach außen wirksamen KG
   Vgl. die Ausführungen Übersicht 16, Punkte 1 und 2 a
2. Haftung des Gesellschafters
   a) Bestehen einer Schuld der Gesellschaft (vgl. die Ausführungen Übersicht 16, Punkt 2 b)
   b) Betreffender im Zeitpunkt der Begründung des Anspruchs Gesellschafter der KG (§§ 126, 161 Abs. 2 HGB) oder nach Begründung des Anspruchs Gesellschafter der KG geworden (§§ 127, 161 Abs. 2 HGB)
      - Einwendungen des Gesellschafters
      - Persönliche Einwendungen gegenüber dem Gläubiger
      - Einwendungen der Gesellschaft gem. §§ 128 Abs. 1, 161 Abs. 2 HGB
      - Leistungsverweigerungsrecht bei Anfechtungsbefugnis, Aufrechnungsmöglichkeit oder anderem Gestaltungsrecht der Gesellschaft gem. §§ 129 Abs. 2, 161 Abs. 2 HGB
4. Enthaftung des ausgeschiedenen Gesellschafters, §§ 137, 161 Abs. 2 HGB
   - Anspruch nicht innerhalb von fünf Jahren fällig
   - Innerhalb von fünf Jahren fälliger Anspruch nicht innerhalb dieses Zeitraums geltend gemacht

Die Prüfung ist auf diejenigen Probleme zu beschränken, die durch den Sachverhalt 46 vorgegeben sind. Besonders klausurrelevant sind die Fragen, ob die Gesellschaft in Abgrenzung zur GbR einen der in §§ 105 Abs. 1 bzw. § 107 Abs. 1 i. V. m. § 161 Abs. 2 HGB genannten Zwecke verfolgt, ob die für eine KG gem. § 161 Abs. 1 HGB erforderlichen Haftungsregeln getroffen sind und ob die KG nach näherer Maßgabe der §§ 123 Abs. 1, 161 Abs. 2 HGB auch im Außenverhältnis wirksam geworden ist.

b) Haftungsrechtliche Probleme bei Ansprüchen gegen Kommanditisten

Bei der klausurmäßigen Erörterung von **Ansprüchen gegen Kommanditisten** wird der 47 Schwerpunkt der rechtlichen Prüfung regelmäßig bei der gem. § 171 Abs. 1 HGB begrenzten Haftung der Kommanditisten liegen. Dabei bieten sich für eine Klausur insbesondere solche Aufgabenstellungen an, bei denen der in § 171 Abs. 1 HGB geregelte Grundsatz der begrenzten Haftung der Kommanditisten durch andere gesetzliche Vorschriften ganz oder teilweise infrage gestellt wird.
Auch bei der üblicherweise in die Prüfung materiellrechtlicher Anspruchsgrundlagen eingebetteten Erörterung von Ansprüchen gegen einen Kommanditisten darf nicht ver-

gessen werden, dass ein entsprechender Anspruch als Erstes eine wirksam begründete Verbindlichkeit der KG voraussetzt. Dieser häufig übersehene Gesichtspunkt ist daher selbst dann kurz zu erwähnen, wenn der Sachverhalt in dieser Hinsicht keinerlei Schwierigkeiten bietet. Darüber hinaus kann das Erfordernis der wirksam begründeten Verbindlichkeit der KG vom Aufgabensteller natürlich auch dazu genutzt werden, entsprechende Probleme aus Anlass der Geltendmachung von Ansprüchen gegen einen Kommanditisten zur Prüfung zu stellen. Schon aus diesem Grund sollte der Bearbeiter einer Klausur bei der Erörterung von Ansprüchen gegen Kommanditisten zumindest kurz überlegen, ob sich hinsichtlich der Frage einer wirksam begründeten Verbindlichkeit der KG irgendwelche ernsthaften Probleme stellen. Diese sind dann natürlich in entsprechender Ausführlichkeit zu behandeln.

48 **Übersicht 18: Ansprüche gegen Kommanditisten**

A. Haftung des Kommanditisten nach Eintragung der KG und der Kommanditistenstellung gem. § 171 Abs. 1 HGB

Anspruch aus §§ ..., 171 Abs. 1 HGB
1. Verbindlichkeit der KG
   Vgl. Prüfungsablauf B. I. 3. a, Rn. 44
2. **Kommanditistenstellung** im Zeitpunkt der Begründung der Verbindlichkeit
3. Rechtsfolgen
   - Regelmäßig Beschränkung der Haftung auf die Höhe der in das Handelsregister eingetragenen Haftsumme, §§ 171 Abs. 1, 172 Abs. 1 und 2 HGB
   - Ausschluss der Haftung bei Erbringung der vereinbarten Einlagen, § 171 Abs. 1 Halbs. 2 HGB
   - Wiederaufleben der Haftung bei Einlagenrückgewähr, § 172 Abs. 4 HGB
   - Einwendungen gem. §§ 128, 161 Abs. 2 HGB
   - Zeitliche Grenzen: §§ 137, 161 Abs. 2 HGB

B. Haftung des Kommanditisten während der Gründungsphase der KG gem. § 176 Abs. 1 HGB

Anspruch aus §§ ... , 176 Abs. 1 HGB
1. Verbindlichkeit der KG
   Vgl. Prüfungsablauf B. I. 3. a, Rn. 44
2. Teilnahme am Rechtsverkehr vor Eintragung des Kommanditisten
3. Zustimmung des in Anspruch genommenen Kommanditisten zur Teilnahme am Rechtsverkehr
4. Beteiligung als Kommanditist dem Gläubiger unbekannt
5. Rechtsfolge
   - Unbeschränkte Haftung des Kommanditisten

C. Haftung des Kommanditisten beim Beitritt, zu einer bestehenden Handelsgesellschaft gem. § 176 Abs. 2 HGB

Anspruch aus §§ ... , 176 Abs. 2 HGB
1. Existenz einer Handelsgesellschaft (OHG/KG)
2. Wirksame Verbindlichkeit der (im Falle der Existenz einer OHG durch den Beitritt begründeten) KG
   Vgl. Prüfungsablauf B. I. 3.a , Rn. 44
3. In Anspruch genommener Gesellschafter Kommanditist
4. Begründung der Verbindlichkeit vor Eintragung des Kommanditisten in das Handelsregister
5. Beteiligung als Kommanditist dem Gläubiger unbekannt
6. Rechtsfolge
   - Unbeschränkte Haftung des Kommanditisten

Fall 5 (ca. 1,5 Stunden)

49 Die ordnungsgemäß in das Handelsregister eingetragene A-KG besteht aus dem Komplementär A und den Kommanditisten B und C. Diese haben ihre der im Handelsregister eingetragenen Haftsumme entsprechende vereinbarte Einlage in Höhe von je 100.000 Euro erbracht. Am 6.3.01 kommt zwischen der A-KG als Mieterin und dem D als Vermieter ein Mietvertrag zustande, aufgrund dessen die A-KG zur Zahlung einer monatlichen Miete in Höhe von 20.000 Euro verpflichtet ist.

Am 15.3.01 scheidet B aus der A-KG aus. Dies wird am 1.4.01 in das Handelsregister eingetragen und bekannt gemacht. Daraufhin zahlt die A-KG an B auf seine Einlage 10.000 Euro zurück. Die restlichen 90.000 Euro werden in ein Darlehen mit einem jährlichen Zinssatz von 10 Prozent pro Jahr umgewandelt. Obwohl die Gesellschaft keine Gewinne macht, zahlt sie dementsprechend am 1.4.02 9.000 Euro Zinsen an B.
Kann D von B nach Eintritt der Fälligkeit Zahlung der Miete für den Monat Mai 02 verlangen?

Lösung:

Ein Anspruch des D gegen B könnte sich aus § 535 Abs. 2 BGB, § 171 Abs. 1 HGB ergeben.

Dies setzt voraus, dass die A-KG gem. §§ 105 Abs. 2, 161 Abs. 2 HGB zur Zahlung der Miete verpflichtet ist und dass B im Zeitpunkt der Begründung der Verbindlichkeit Kommanditist der A-KG gewesen ist.

Aufgrund des Sachverhaltes bestehen keine Zweifel daran, dass die nach außen wirksame A-KG gem. §§ 105 Abs. 2, 161 Abs. 2 HGB zur Zahlung der Miete verpflichtet worden ist. B war im Zeitpunkt der Begründung der Verbindlichkeit, nämlich im Zeitpunkt des Abschlusses des Mietvertrages zwischen der A-KG und D, auch Kommanditist der A-KG. Für die Frage, wann ein Anspruch begründet wird, kommt es nämlich nicht darauf an, wann der Anspruch fällig wird. Entscheidend ist vielmehr, wann der Rechtsgrund für den entsprechenden Anspruch gelegt worden ist. Der Rechtsgrund für den Anspruch des D auf Zahlung des Mietzinses für den Monat Mai 02 wurde durch den Abschluss des Mietvertrages begründet. Somit war der Anspruch des D auf Zahlung der Miete für den Monat Mai schon vor dem Zeitpunkt des Ausscheidens des B aus der A-KG begründet worden.

Fraglich ist weiterhin, ob die Haftung des B durch dessen am 1.4.01 in das Handelsregister eingetragenen Gesellschaftsaustritt vom 15.3.01 erloschen ist. Wie sich jedoch u.a. als Gegenschluss aus §§ 161 Abs. 2, 137 HGB ergibt, führt das Ausscheiden eines Kommanditisten nicht dazu, dass er für die vor seinem Ausscheiden begründeten Verbindlichkeiten der Gesellschaft nicht mehr haftet. Dies ist nur unter den hier offensichtlich nicht erfüllten Voraussetzungen des § 137 HGB der Fall.

Die Haftung des B könnte jedoch aufgrund der Regelung des § 171 Abs. 1 HGB ausgeschlossen sein, wenn B seine vereinbarte Einlage geleistet hat. Dies war ursprünglich der Fall. Nach § 172 Abs. 4 Satz 1 HGB haftet B dem D jedoch auch dann, wenn die von ihm geleistete Einlage zurückgezahlt worden ist.

Hinsichtlich eines Betrages von 10.000 Euro ist zweifellos eine Rückzahlung erfolgt. Fraglich ist allerdings, ob die Umwandlung der verbleibenden 90.000 Euro in ein Darlehen ebenfalls als Rückzahlung i.S.d. § 172 Abs. 4 Satz 1 HGB anzusehen ist.

Eine Einlage wird immer dann im Sinne des § 172 Abs. 4 Satz 1 HGB zurückbezahlt, wenn der Gesellschaft ein Vermögenswert ohne entsprechende Gegenleistung entzogen wird. Dies ist nach allerdings nicht unbestrittener Auffassung dann nicht der Fall, wenn eine Einlage in ein Darlehen umgewandelt wird, da dieser Vorgang nicht dazu führt, dass den Altgläubigern der Gesellschaft Vermögenswerte entzogen werden. Von einer Vermögensminderung zulasten der Gesellschaft kann nach dieser Auffassung erst dann gesprochen werden, wenn das Darlehen getilgt wird. Da eine Tilgung noch nicht erfolgt ist, kann die Umwandlung der Einlage in ein Darlehen nicht als Rückzahlung der Einlage an B angesehen werden.

Eine entsprechende Rückzahlung könnte jedoch in der Zinszahlung an B zu sehen sein. Da das Darlehen des B hier als Einlage behandelt wird, müssen Zinszahlungen für dieses Darlehen wie Gewinnausschüttungen behandelt werden. Sie stehen daher entsprechend § 174 Abs. 4 Satz 2 HGB dann einer Rückgewähr der Einlage gleich, wenn die Gesellschaft keinen Gewinn erzielt hat. Daher stellt die Zinszahlung der A-KG an B in unserem Fall eine Rückbezahlung der Einlage an diesen dar.

Insgesamt ist an B auf seine Einlage somit ein Betrag in Höhe von 19.000 Euro zurückbezahlt worden. In dieser Höhe gilt die Einlage nach § 172 Abs. 4 Satz 1 HGB gegenüber D als nicht geleistet.

Ein Anspruch des D gegen B auf Zahlung der Miete für den Monat Mai 02 gemäß § 535 Abs. 2 BGB i.V.m. § 171 Abs. 1 HGB besteht lediglich in Höhe von 19.000 Euro.

Beachte: 50

Während bei der Prüfung der Haftung eines Kommanditisten stets § 171 Abs. 1 HGB anzusprechen ist, sind die diese beschränkte Haftung erweiternden Regelungen der §§ 172 ff. HGB nur dann zu erörtern, wenn der Sachverhalt hierfür Anhaltspunkte enthält.

51 **Vertiefungshinweise**

a) Zu Details der Kommanditistenhaftung siehe Kindler, Grundfragen der Kommanditistenhaftung, JuS 2006, S. 865 ff.
b) Zur Umwandlung der Kommanditeinlage in ein Darlehen und zur Zahlung von Zinsen auf die so begründete Darlehensverbindlichkeit siehe BGH NJW 1963, 1873 f.

c) Rechte und Pflichten der Gesellschafter

52 Aufgrund der für die KG in § 161 Abs. 2 HGB angeordneten **subsidiären Geltung der §§ 105 ff. HGB** und der in § 105 Abs. 3 HGB enthaltenen **Weiterverweisung auf die Vorschriften der §§ 705 ff. BGB** kann hinsichtlich der Rechte und Pflichten der Gesellschafter einer KG grundsätzlich auf die entsprechenden Ausführungen zur OHG (B. I. 2.c , Rn. 37 ff.) und zur GbR (B. I. 1. c, Rn. 15 ff.) verwiesen werden. Dies gilt ohne jede Einschränkung für die Gesellschaftergruppe der Komplementäre und im Wesentlichen auch für die Gesellschaftergruppe der Kommanditisten. Für diese existieren jedoch einige vom Recht der OHG abweichende Sonderregelungen, auf die sich die nachfolgende Darstellung der Prüfungsabläufe beschränkt.

53 **Übersicht 19**

Gesellschafterrechte und -pflichten in der KG

1. Geschäftsführungsrecht und -pflicht des Kommanditisten
   a) Grds. **kein Geschäftsführungsrecht** und keine Geschäftsführungspflicht des Kommanditisten, § 164 HGB
   b) Gesellschaftsvertragliche Abänderung der gesetzlichen Regelungen zur Geschäftsführung gem. § 163 HGB möglich
2. Wettbewerbsverbot des Kommanditisten
   Gesetzliches Wettbewerbsverbot gem. §§ 117 f. HGB findet gem. § 165 HGB keine Anwendung
3. Informationsrechte des Kommanditisten
   Einschränkung des § 717 BGB durch § 166 HGB
4. Beteiligung des Kommanditisten an Gewinn und Verlust
   a) Vorrang gesellschaftsvertraglicher Regelungen
   b) Hilfsweise §§ 120 ff., 167, 169 HGB
      aa) Ermittlung des Bilanzgewinns der Gesellschaft, §§ 120 Abs. 1, 169 Abs. 1 HGB
      bb) Verteilung des Gewinns nach Maßgabe der §§ 122, 166 HGB
      cc) Eingeschränkte Verlustbeteiligung, § 167 HGB

4. Stille Gesellschaft

54 Nach § 230 HGB ist eine stille Gesellschaft eine Gesellschaft, bei der sich ein stiller Gesellschafter an dem Handelsgewerbe eines anderen beteiligt, die Einlage des stillen Gesellschafters in das Vermögen des Inhabers des Handelsgeschäfts übergeht und aus den Geschäften, die anlässlich des Betriebs des Handelsgewerbes abgeschlossen werden, der Inhaber des Handelsgeschäfts allein berechtigt und verpflichtet wird.

Charakteristisch für die in den §§ 230 bis 236 HGB geregelte stille Gesellschaft ist, dass es sich um eine reine **Innengesellschaft** handelt. Die stille Gesellschaft verfügt nicht über Gesamthandsvermögen, die Einlage des stillen Gesellschafters geht vielmehr in das Vermögen des Inhabers des Handelsgeschäfts, an dem sich der stille Gesellschafter beteiligt, über. Wegen dieses Charakters der stillen Gesellschaft als reine Innengesellschaft eignen sich Klausurfälle zur stillen Gesellschaft besonders gut, um die Abgrenzung zwischen Gesellschaften und partiarischen Rechtsverhältnissen zu prüfen. Entsprechende Prüfungen können an sämtliche Normen anknüpfen, die die Existenz einer stillen Gesellschaft voraussetzen. Innerhalb der jeweils einschlägigen Norm ist sodann anhand des nachfolgenden Schemas zu prüfen, ob tatsächlich eine stille Gesellschaft besteht.

Übersicht 20: Begriff der stillen Gesellschaft 55

Stille Gesellschaft, §§ 230–236 HGB

Sonderform der GbR mit subsidiärer Geltung der §§ 705 ff. BGB
Keine Handelsgesellschaft i. S. d. §§ 6 Abs. 1, 105 ff. HGB

1. Abschluss eines Gesellschaftsvertrages
   a) Inhalt gem. § 230 HGB
   b) Gesellschaftszweck
      - Beteiligung des stillen Gesellschafters am Handelsgewerbe des Geschäftsinhabers
      - **Abgrenzung zum partiarischen Rechtsverhältnis**, bei dem jeder Beteiligte nur seinen eigenen Zweck verfolgt und fördert
2. Rechtsfolgen
   - Anspruch des Geschäftsinhabers auf Beitrag des stillen Gesellschafters
   - Anspruch des stillen Gesellschafters auf Gewinnbeteiligung, § 230 HGB
   - Rückzahlung der Einlage bei Auflösung, § 235 HGB

Vertiefungshinweise 56

Zur Abgrenzung von stiller Gesellschaft und partiarischen Darlehen BGH NJW 1995, 192 ff.

5. Fehlerhafte Gesellschaft

Ansprüche gegen Personengesellschaften und innerhalb von Personengesellschaften setzen den Abschluss eines wirksamen Gesellschaftsvertrages voraus. Auf diesen Vertrag finden die allgemeinen Regeln des BGB über Rechtsgeschäfte Anwendung. Somit gelten für Gesellschaftsverträge auch die Vorschriften über die Anfechtbarkeit und Nichtigkeit von Rechtsgeschäften. Daher können sowohl die auf den Abschluss eines Gesellschaftsvertrages gerichteten Willenserklärungen, z. B. nach den §§ 119, 123 BGB, als auch der Gesellschaftsvertrag selbst, z. B. nach den §§ 134, 138 BGB, nichtig sein. Die daraus an sich folgende Konsequenz, nämlich dass in den Fällen eines nichtigen Gesellschaftsvertrages keine Ansprüche gegen die Gesellschaft bestehen und sich die Ansprüche der Gesellschafter untereinander nach den §§ 812 ff. BGB bestimmen, wird allgemein als nicht sachgerecht angesehen und durch die Lehre von der fehlerhaften Gesellschaft korrigiert. Nach dieser Lehre führt die Nichtigkeit oder Anfechtbarkeit des Gesellschaftsvertrages einer Personengesellschaft lediglich zu deren **Auflösbarkeit mit Wirkung für die Zukunft.** 57

Auf Körperschaften findet die Lehre von der fehlerhaften Gesellschaft keine Anwendung. Auf die Nichtigkeit oder Anfechtbarkeit des Gesellschaftsvertrages einer Körperschaft kann sich nach der Registereintragung nämlich niemand mehr berufen.

Übersicht 21 58

Gesellschaften auf fehlerhafter Vertragsgrundlage

1. Vorliegen eines fehlerhaften Gesellschaftsvertrages
   - Gescheiterter Versuch des Abschlusses eines wirksamen Gesellschaftsvertrages
   - Gescheiterter Versuch des Beitrittes zu einer Gesellschaft
2. Gesellschaftsvertrag muss **in Vollzug gesetzt** sein
   - Gesellschaft hat Rechtsgeschäfte mit Dritten abgeschlossen (Fälle der fehlerhaften Gründung)
   - Gesellschaft hat Gesellschaftsvermögen gebildet (Fälle der fehlerhaften Gründung)
   - Beitretender hat Beiträge geleistet oder gesellschaftsvertragliche Rechte ausgeübt (Fälle des fehlerhaften Beitritts)
3. Keine entgegenstehenden überwiegenden Interessen der Allgemeinheit oder Einzelner
   - Beteiligung einer beschränkt geschäftsfähigen Person
   - Gesellschaftsvertrag ist aufgrund der Vorschrift des § 134 BGB nichtig oder der Gesellschaftszweck verstößt gegen die guten Sitten im Sinne des § 138 BGB

4. Rechtsfolge
   a) Innenverhältnis
      - Es gilt der nichtige Vertrag
      - **Auflösung** nur für die Zukunft **durch Kündigung** (§ 731 BGB) **oder Auflösungsklage** (§ 139 HGB)
   b) Außenverhältnis
      Vertretung, Haftung etc. bestimmen sich nach den jeweiligen gesetzlichen Regelungen für die Gesellschaft

II. Körperschaften

1. Gesellschaft mit beschränkter Haftung

a) Ansprüche während der Gründungsphase

59 Die mit der Eintragung der GmbH in das Handelsregister endende Gründungsphase der Gesellschaft zieht sich üblicherweise einige Zeit hin. Daher stellt sich die Frage, ob schon vor dem Zeitpunkt der Eintragung gesellschaftsvertragliche Beziehungen zwischen den späteren GmbH-Gesellschaftern bestehen. Das Gesetz enthält zu dieser Frage keine Aussage. So bestimmt § 11 Abs. 2 GmbHG lediglich, dass vor der Eintragung in das Handelsregister die GmbH „als solche" nicht existiert. Dagegen kann diesem Paragrafen nicht die Aussage entnommen werden, dass vor der Gründung noch gar keine Gesellschaft existiert. Die Vorschrift beschäftigt sich auch nicht mit der Frage, welche Rechtsform eine evtl. vor der Eintragung der GmbH in das Handelsregister schon bestehende Gesellschaft hat.
Nach der Rechtsprechung des BGH ist bei der Entstehung einer GmbH zwischen drei Phasen zu unterscheiden. Dabei handelt es sich um
- das Vorgründungsstadium vor der Errichtung der GmbH durch Abschluss des notariellen Gesellschaftsvertrages,
- das Gründungsstadium zwischen der Errichtung der GmbH durch Abschluss des notariellen Gesellschaftsvertrages und der Eintragung in das Handelsregister und
- das Stadium der fertigen GmbH nach Eintragung in das Handelsregister.

60 Sobald sich die zukünftigen Gesellschafter durch den Abschluss eines Gründungsvertrages zur Errichtung der GmbH verpflichtet haben, kommt zwischen ihnen eine **Vorgründungsgesellschaft** zustande. Die Vorgründungsgesellschaft ist regelmäßig eine GbR, deren gemeinsamer Zweck in der Errichtung der GmbH besteht. Betreibt die Vorgründungsgesellschaft bereits ein Handelsgewerbe i.S.d. § 1 Abs. 2 HGB, handelt es sich bei ihr um eine OHG. Mit der Errichtung der GmbH durch den Abschluss eines notariellen Gesellschaftsvertrages entsteht sodann eine **Vorgesellschaft** (auch **Vor-GmbH** genannt). Rechte und Verbindlichkeiten der Vorgründungsgesellschaft gehen nicht automatisch auf die Vorgesellschaft über und müssen daher ggf. übertragen werden. Zwischen Vorgründungsgesellschaft und Vor-GmbH besteht keine Kontinuität. Die Vorgesellschaft ist weder BGB-Gesellschaft noch OHG. Bei ihr handelt es sich um eine gesamthänderische Personenvereinigung eigener Art. Diese Organisation untersteht einem Sonderrecht, das sich aus den im Gesetz oder im Gesellschaftsvertrag enthaltenen Gründungsvorschriften und dem Recht der rechtsfähigen GmbH ergibt, soweit dieses nicht die Eintragung voraussetzt.
Die hier dargestellten Haftungsfragen während der Gründungsphase der GmbH stellen ein sehr beliebtes Klausurthema dar. Einerseits handelt es sich schon wegen der weitgehend fehlenden gesetzlichen Regelungen um eine äußerst anspruchsvolle Materie. Andererseits besitzen entsprechende Fragestellungen eine große praktische Relevanz. Auch dies rechtfertigt natürlich die bevorzugte Berücksichtigung entsprechender Thematiken im Rahmen von Prüfungsaufgaben.

Übersicht 22 61

Haftung der Vorgründungsgesellschaft und ihrer Gesellschafter

- Vgl. B. I. 1. a, Rn. 5 und B. I. 1. b, Rn. 10 (Vorgründungsgesellschaft als GbR)
- Vgl. B. I. 2. A, Rn. 27 und B. I. 2. B, Rn. 33 (Vorgründungsgesellschaft als OHG)

Kein automatischer Übergang von Rechten und Pflichten der Vorgründungsgesellschaft auf die Vor-GmbH

Übersicht 23 62

Haftung der Vor-GmbH

Vor-GmbH kann selbst Träger von Rechten und Pflichten sein

1. Existenz einer Vor-GmbH
   Errichtung der GmbH durch Abschluss des notariellen Gesellschaftsvertrages gem. § 2 GmbHG
2. Verpflichtung der Vor-GmbH
   aa) Handeln im Namen der Vor-GmbH
   bb) Beschränkte Vertretungsmacht der Geschäftsführer der GmbH für die Vor-GmbH
      - Notwendiges Gründungsgeschäft
      - Zustimmung aller Gesellschafter
3. Rechtsfolge
   Haftung der Vor-GmbH

Mit Eintragung der GmbH in das Handelsregister gehen die Rechte und die Verbindlichkeiten der Vor-GmbH auf die GmbH über.

Übersicht 24 63

Haftung der Gesellschafter der Vor-GmbH

Keine Anwendung des § 13 Abs. 2 GmbHG

1. Existenz einer Vor-GmbH
   Errichtung der GmbH durch Abschluss des notariellen Gesellschaftsvertrages gem. § 2 GmbHG
2. Verpflichtung der Vor-GmbH
   aa) Handeln im Namen der Vor-GmbH
   bb) Beschränkte Vertretungsmacht der Geschäftsführer der GmbH für die Vor-GmbH
      - Notwendiges Gründungsgeschäft
      - Zustimmung aller Gesellschafter
3. Verlust der Gesellschaft
4. Rechtsfolge
   - Grds. keine Haftung der Gesellschafter gegenüber den Gesellschaftsgläubigern, aber unbeschränkte sog. **Verlustdeckungshaftung im Innenverhältnis** gegenüber der GmbH
   - Ausnahmsweise unbeschränkte anteilige Außenhaftung, wenn Inanspruchnahme der Vor-GmbH offensichtlich aussichtslos oder unzumutbar
     - Gesellschaft vermögenslos
     - Einpersonen-Vor-GmbH
     - Keine weiteren Gläubiger vorhanden

Nach Eintragung der Vor-GmbH in das Handelsregister wird aus der unbeschränkten Verlustdeckungshaftung der Gesellschafter gegenüber der Vor-GmbH eine unbeschränkte **Unterbilanzhaftung gegenüber der GmbH** analog § 9 GmbHG.

Übersicht 25 64

Haftung des Handelnden gem. § 11 Abs. 2 GmbHG

Nur anwendbar in der **Phase der Vor-GmbH** (BGHZ 91, 148 ff.)

1. Handelnder i. S. d. § 11 Abs. 2 GmbHG
   Tätigkeit als Geschäftsführer oder wie ein Geschäftsführer

2. Handeln vor Eintragung im Namen der Gesellschaft
   Nur bei Handeln im Namen der GmbH, nicht bei Handeln im Namen der Vor-GmbH
3. Rechtsfolge
   Unbeschränkte Haftung des Handelnden im Außenverhältnis

Die Haftung des Handelnden erlischt mit der Eintragung der GmbH, sofern diese für die vom Handelnden begründete Verbindlichkeit haftet.

Fall 6

65 Am 20.3.01 wird die „Idee-Soft GmbH" durch Abschluss des notariellen Gesellschaftsvertrages zwischen den Gesellschaftern A und B errichtet. A wird zum Geschäftsführer bestellt. Am 25.3.01 bestellt A für die GmbH im Einvernehmen mit B bei der Firma K einen Drucker für 1.300 Euro. Am 29.4.01 wird die GmbH im Handelsregister eingetragen.

Welche Ansprüche stehen K zu?

Lösung:

1. Anspruch gegen die GmbH gemäß § 433 Abs. 2 BGB, § 13 Abs. 1 GmbHG

Ein Anspruch des K gegen die GmbH könnte sich aus § 433 Abs. 2 BGB, § 13 Abs. 1 GmbHG ergeben. Dies setzt voraus, dass die GmbH selbst Kaufpreisschuldner sein kann und entweder selbst Kaufvertragspartei war oder in die Rechte und Pflichten aus dem Kaufvertrag vom 25.3.01 eingetreten ist.

Gemäß § 13 Abs. 1 GmbHG kann eine GmbH als solche Trägerin von Rechten und Pflichten sein. Die „Idee-Soft GmbH" kommt deshalb als Kaufvertragspartei generell in Betracht. Bei Abschluss des Kaufvertrages war die GmbH jedoch noch nicht im Handelsregister eingetragen und bestand deshalb gemäß § 11 Abs. 1 GmbHG noch nicht. Somit kommt die GmbH im konkreten Fall nicht als Vertragspartei des Kaufvertrages in Betracht.

Allerdings könnte die GmbH im Wege der Rechtsnachfolge in einen zwischen K und der Vor-GmbH geschlossenen Kaufvertrag eingetreten sein. Bei Abschluss des Kaufvertrages hatten A und B nämlich bereits einen notariellen GmbH-Gesellschaftsvertrag geschlossen und damit die Gesellschaft errichtet. Mit dem Abschluss des Gesellschaftsvertrages entstand mangels Eintragung zunächst noch keine GmbH, sondern eine Vor-GmbH, auf die GmbH-Recht bereits insoweit Anwendung findet, als es nicht gerade die Eintragung voraussetzt. Diese Vor-GmbH kann selbst Träger von Rechten und Pflichten sein.

Fraglich ist daher, ob die Vor-GmbH wirksam zur Zahlung des Kaufpreises verpflichtet worden ist. Dies ist dann der Fall, wenn sie gemäß § 164 Abs. 1 BGB wirksam vertreten worden ist. Nach § 35 Abs. 1 GmbHG wird die GmbH und damit auch schon die Vorgesellschaft grundsätzlich durch die Geschäftsführer vertreten. Allerdings ist die Vertretungsbefugnis der Geschäftsführer einer Vor-GmbH in Abweichung von derjenigen des Geschäftsführers einer GmbH entsprechend dem Gesellschaftszweck der Vor-GmbH zunächst auf solche Rechtsgeschäfte begrenzt, die zur Herbeiführung der Eintragung unerlässlich sind. Darüber hinaus können die Geschäftsführer die GmbH jedoch auch bei solchen Rechtsgeschäften vertreten, zu denen alle Gesellschafter ihre Einwilligung erteilt haben. Da A hier mit Einwilligung des B als bestellter Geschäftsführer für die GmbH aufgetreten ist, ist ein Kaufvertrag mit der Vor-GmbH entstanden.

Die „Idee-Soft GmbH" könnte in die Rechte und Pflichten hieraus eingetreten sein. Mit der Eintragung im Handelsregister gehen die Rechte und Pflichten der Vor-GmbH automatisch auf die GmbH als Rechtsnachfolgerin über. Die Eintragung ist am 29.4.01 erfolgt.

Die GmbH ist somit gemäß § 433 Abs. 2 BGB, § 13 Abs. 1 GmbHG zur Zahlung verpflichtet.

2. Anspruch gegen A und B gemäß § 433 Abs. 2 BGB

Ein Anspruch des K gegen A und B könnte sich aus § 433 Abs. 2 BGB ergeben.

Da A und B sich nicht persönlich zur Zahlung des Kaufpreises verpflichtet haben, setzt ein Anspruch ihnen gegenüber voraus, dass sie entweder in ihrer Eigenschaft als Gesellschafter der GmbH oder der Vor-GmbH zur Zahlung des Kaufpreises verpflichtet sind.

Eine Inanspruchnahme von A und B als Gesellschafter der GmbH kommt gemäß § 13 Abs. 2 GmbHG nicht in Betracht. Ihre Haftung könnte sich jedoch aus dem Umstand ergeben, dass sie zur Zeit des Vertragsabschlusses Gesellschafter einer Vor-GmbH waren. § 13 Abs. 2 GmbHG findet auf die Vorgesellschaft keine Anwendung, da diese Bestimmung gerade die Eintragung im Handelsregister voraussetzt. Nach der Rechtsprechung des BGH folgt aus dem sogenannten Unversehrtheitsgrundsatz, dass die Gesellschafter einer Vor-GmbH gegenüber der Gesellschaft verpflichtet sind, die Verluste auszugleichen, die das Gesellschaftsvermögen dadurch erleidet, dass die Gesellschaft ihre Tätigkeit vor der Eintragung in das Handelsregister aufnimmt. Dabei handelt es sich jedoch nur um einen Anspruch der Gesellschaft gegen ihre Gesellschafter. Ein unmittelbarer Anspruch des K gegen A und B ergibt sich aus diesem Gesichtspunkt nicht.

K hat keinen Anspruch aus § 433 Abs. 2 BGB gegen A und B.

3. Anspruch gegen A und B gemäß § 433 Abs. 2 BGB, § 11 Abs. 2 GmbHG

Ein Anspruch könnte schließlich unter dem Gesichtspunkt der Handelndenhaftung gemäß § 433 Abs. 2 BGB, § 11 Abs. 2 GmbHG bestehen.

Dies setzt voraus, dass die Vorschrift des § 11 Abs. 2 GmbHG dem Grunde nach anwendbar ist und dass A und B Handelnde im Sinne dieser Vorschrift sind.

Der Kauf des Druckers ist im Zeitraum zwischen dem Abschluss des notariellen Gesellschaftsvertrages und der Eintragung der GmbH erfolgt. In dieser Phase findet § 11 Abs. 2 GmbHG Anwendung. Die Haftung trifft jedoch nur die für die Gesellschaft Handelnden. Darunter sind in der Regel die bereits bestellten Geschäftsführer zu verstehen. Dies trifft auf A zu, nicht hingegen auf B. Fraglich ist allenfalls, ob B deshalb in die Handelndenhaftung einzubeziehen ist, weil er sein Einverständnis zum Kauf des Druckers erteilt hat. Dies ist nicht der Fall. Die Haftung nach § 11 Abs. 2 GmbHG kann nicht auf Gründer ausgedehnt werden, die sich lediglich mit der Eröffnung des Geschäftsbetriebs einverstanden erklärt haben und sonst keinen Einfluss auf die Geschäftsführung der Gesellschaft genommen haben. Für eine entsprechend weite Auslegung des Handelndenbegriffs besteht angesichts der Verlustdeckungs- und Unterbilanzhaftung der GmbH-Gesellschafter kein Bedürfnis. Aufgrund der restriktiven Auslegung des Handelndenbegriffs kommt eine Haftung von B somit nicht in Betracht.

Fraglich ist, ob auch die Haftung des A zwischenzeitlich wieder erloschen ist. Dies ist der Fall. Mit der Eintragung der GmbH im Handelsregister am 29.4.01 sind nicht nur die Verbindlichkeiten der Vor-GmbH im Wege der befreienden Schuldübernahme auf die GmbH übergegangen. Folge des Übergangs aller Verbindlichkeiten ist ferner, dass auch die Haftung gemäß § 11 Abs. 2 GmbHG erlischt. Infolge der Eintragung kann A nicht mehr in Anspruch genommen werden.

K hat daher keinen Anspruch aus § 433 Abs. 2 BGB, § 11 Abs. 2 GmbHG gegen A und B.

Beachte: 66

Wegen der unterschiedlichen Haftungsvoraussetzungen und -folgen ist bei Handlungen im Vorfeld einer GmbH-Gründung darauf zu achten, ob eine Vorgründungsgesellschaft (dazu Rn. 60, 61) oder eine Vor-GmbH (dazu Rn. 60, 62) gegeben ist. Entscheidend für die Abgrenzung zwischen beiden Gesellschaftsformen ist der Zeitpunkt der Errichtung der GmbH durch Abschluss des notariellen Gesellschaftsvertrages. Da die Errichtung in Fall 6 schon erfolgt war, waren ausschließlich Fragen der Vor-GmbH zu prüfen.

Vertiefungshinweise 67

a) Zusammenfassend zur Vorgründungsgesellschaft siehe Noack/Servatius/Haas, GmbHG, 23. Aufl. 2022, § 11 Rn. 35 ff.
b) Zur Rechtsnatur der Vorgründungsgesellschaft (GbR, ausnahmsweise OHG), deren Verhältnis zur Vor-GmbH (keine Identität mit automatischem Übergang von Rechten und Pflichten) und zur Nichtanwendbarkeit des § 11 Abs. 2 GmbHG im Stadium der Vorgründungsgesellschaft siehe BGHZ 91,151.
c) Zusammenfassend zur Vor-GmbH siehe Noack/Servatius/Haas, GmbHG, 23. Aufl. 2022, § 11 Rn. 6 ff.
d) Zur Innenhaftung der Gesellschafter einer Vor-GmbH (Verlustdeckungshaftung) und der daraus im Zeitpunkt der Eintragung der GmbH entstehenden Vorbelastungs- bzw. Unterbilanzhaftung siehe BGHZ 134, 333.

b) Ansprüche Dritter gegen die Gesellschaft

Mit der Eintragung der GmbH in das Handelsregister entsteht, wie § 11 Abs. 1 GmbHG 68
entnommen werden kann, die GmbH. Deren Haftungsstruktur ist im Gesetz relativ eindeutig geregelt. Nach § 13 Abs. 1 GmbHG hat die Gesellschaft mit beschränkter Haftung

als solche selbstständig ihre Rechte und Pflichten; sie kann Eigentum und andere dingliche Rechte an Grundstücken erwerben sowie vor Gericht klagen und verklagt werden. Für die Verbindlichkeiten der Gesellschaft haftet den Gläubigern der GmbH nach § 13 Abs. 2 GmbHG nur das Gesellschaftsvermögen. Angesichts dieser klaren gesetzlichen Regelungen zur Haftungsstruktur der GmbH stellen Klausurfälle, die sich lediglich mit dieser Haftung befassen, normalerweise zu geringe Anforderungen an die Bearbeiter und sind aus diesem Grund nur selten anzutreffen. Wenn in einer Klausur Ansprüche gegen eine GmbH zu erörtern sind, so wird der Aufgabensteller meist zusätzliche Schwierigkeiten einbauen. Diese können entweder im Bereich der wirksamen Begründung von Ansprüchen gegen die GmbH liegen oder sich mit der Frage befassen, unter welchen Voraussetzungen abweichend von § 13 Abs. 2 GmbHG eine persönliche Haftung der Gesellschafter oder der Geschäftsführer in Betracht kommt. Letztere Fragestellung gehört zwar nicht mehr zur Prüfung der Ansprüche gegen die Gesellschaft selbst. Sie steht mit dieser Prüfung jedoch deshalb in einem engen Zusammenhang, weil sie eine Auseinandersetzung mit der **Haftungsregelung des § 13 GmbHG** erfordert.

69 **Übersicht 26: Ansprüche gegen eine GmbH**

Anspruch aus §§ ..., 13 Abs. 1 GmbHG

1. Existenz einer in das Handelsregister eingetragenen GmbH
   Eventuelle Gründungsmängel haben keine Auswirkung auf den Anspruch (vgl. §§ 75 ff. GmbHG)
2. Wirksame Begründung eines Anspruchs gegen die GmbH
   - Vertragliche Erfüllungsansprüche: organschaftliche Vertretung der Gesellschaft durch die Geschäftsführer gem. § 35 Abs. 1 GmbHG, §§ 164 ff. BGB
   - Bei mehreren Geschäftsführern grds. **Gesamtvertretungsbefugnis gem. § 35 Abs. 2 GmbHG**
   - Keine Beschränkbarkeit im Außenverhältnis, § 37 Abs. 2 GmbHG
   - Vertragliche Schadensersatzansprüche: Zurechnung von Organhandlungen gem. § 31 BGB
   - Deliktische Schadensersatzansprüche: Zurechnung von Organhandlungen gem. § 31 BGB
   - Ausgleich von Bereicherungen gem. §§ 812 ff. BGB bei Bereicherung der Gesellschaft
3. Rechtsfolgen
   - Grds. ausschließliche Haftung der GmbH, § 13 Abs. 2 GmbHG
   - Ggf. persönliche deliktische Haftung der Organe nach allg. Vorschriften (§§ 823 ff. BGB)
   - Ausnahmsweise Durchgriffshaftung gegen die Gesellschafter bei Vermögensvermischung u. Ä.

Fall 7 (ca. 1 Stunde)

70 Die „Bettenkreis-GmbH" (B) ist ein kartellrechtlich zulässiger Zusammenschluss selbstständiger Bettenfachgeschäfte, die gemeinsam günstig Bettwäsche einkaufen wollen. Geschäftsführer der B sind G und E. Die Gesellschafterversammlung der B hatte die einzelvertretungsbefugten Geschäftsführer G und E auf ihrer letzten Versammlung angewiesen, Geschäfte über 30.000 Euro nur nach vorheriger Zustimmung der Gesellschafterversammlung zu tätigen. Eines Tages bietet die Bettwäschefabrik A dem G einen Posten Bettwäsche zum Preis von 40.000 Euro an. Weil er dies für ein günstiges Angebot hält, kauft G, der das von der Gesellschafterversammlung vorgesehene Verfahren für nicht praxisgerecht hält, ohne Rücksprache mit den Gesellschaftern die Bettwäsche für die GmbH. Nach der Lieferung der Wäsche – aber noch vor deren Bezahlung – stellt sich heraus, dass diese allenfalls für 30.000 Euro weiter verkauft werden kann. Die Gesellschafterversammlung der B verweigert die Genehmigung des Geschäftes.

Anspruch der A gegen die B?

Lösung:

Ein Anspruch der A auf Zahlung von 40.000 Euro könnte sich aus § 433 Abs. 2 BGB, § 13 Abs. 1 GmbHG ergeben.

Dies setzt voraus, dass zwischen A und B ein Kaufvertrag über die Bettwäsche zum Preis von 40.000 Euro zustande gekommen ist.

B als GmbH selbst kann und hat keine auf den Abschluss eines entsprechenden Kaufvertrages gerichtete Willenserklärung abgegeben. Sie könnte jedoch beim Abschluss des Kaufvertrages durch

G gemäß § 164 Abs. 1 BGB wirksam vertreten worden sein, wenn G eine eigene Willenserklärung im Namen der GmbH und mit Vertretungsmacht für diese abgegeben hat.

Aufgrund des Sachverhaltes bestehen keine Zweifel daran, dass G eine eigene Willenserklärung abgegeben hat, denn die Entscheidung über das „Ob" und „Wie" des Geschäftes oblag ihm. Da G die Bettwäsche für die GmbH gekauft hat, hat er auch im Namen der B gehandelt. Die Vertretungsmacht des G könnte sich aus § 35 Abs. 1 GmbHG ergeben. Nach dieser Vorschrift wird die Gesellschaft durch ihre Geschäftsführer vertreten. Nach der gesetzlichen Regelung besteht somit Gesamtvertretungsbefugnis von G und E. Jedoch ist die in § 35 Abs. 1 GmbHG angeordnete Gesamtvertretungsbefugnis gesellschaftsvertraglich abdingbar. Dies folgt aus § 8 Abs. 4 Nr. 2 GmbHG, wonach bei der Anmeldung anzugeben ist, welche Vertretungsbefugnis die Geschäftsführer haben sollen. Daher besaß G grundsätzlich Einzelvertretungsbefugnis für die B.

Fraglich ist jedoch, ob dem G die Vertretungsbefugnis für das konkrete Geschäft nicht deshalb fehlte, weil die Gesellschafterversammlung den Abschluss von Geschäften über 30.000 Euro von ihrer vorherigen Zustimmung abhängig gemacht hat. Dies ist jedoch gemäß § 37 Abs. 2 GmbHG nicht der Fall. Die Beschränkung der Vertretungsmacht des G durch den Beschluss der Gesellschafterversammlung hat im Verhältnis zu A keine Wirkung.

Da zwischen A und der durch G wirksam vertretenen B ein Kaufvertrag über Bettwäsche zum Preis von 40.000 Euro zustande gekommen ist, hat A gegen B einen Anspruch auf Zahlung von 40.000 Euro gemäß § 433 Abs. 2 BGB, § 13 Abs. 1 GmbHG.

Vertiefungshinweise 71

Zu den Voraussetzungen, unter denen trotz § 13 Abs. 2 GmbHG neben der Haftung der Gesellschaft eine **Durchgriffshaftung** gegen die Gesellschafter persönlich in Betracht kommt, siehe Noack/Servatius/Haas, GmbHG, 23. Aufl. 2022, § 13 Rn. 43 ff.

c) Gesellschaftsorgane und ihre Zuständigkeit

Nach dem Gesetz muss die GmbH grundsätzlich zwei Organe haben, nämlich den oder die **Geschäftsführer** als Handlungsorgan (§§ 6, 35 ff. GmbHG) und **die Gesellschafter** als Willensbildungsorgan (§ 45 ff. GmbHG). Darüber hinaus ist die Errichtung eines zusätzlichen **Aufsichtsrates** (§ 52 GmbHG) zwar möglich, jedoch grundsätzlich nicht zwingend erforderlich. In der Regel nimmt der fakultative Aufsichtsrat Überwachungsfunktionen wahr. 72

Isolierte Fragestellungen zur Zuständigkeit von Gesellschaftsorganen kommen in einer Klausur allenfalls als Zusatzfragen in Betracht. Im Regelfall werden Zuständigkeitsfragen in einen kompletten Anspruchsaufbau eingebettet, sodass z. B. bei der Prüfung von Schadensersatzansprüchen gegen den Geschäftsführer einer GmbH auch zu erwähnen ist, dass diese Ansprüche in Abweichung von der Grundregel des § 35 Abs. 1 GmbHG nach § 46 Nr. 8 GmbHG von der Gesellschafterversammlung geltend zu machen sind. Insofern handelt es sich bei den nachfolgend dargestellten Prüfungsabläufen um Bausteine, die in einer Klausur an der jeweils passenden Stelle in den Anspruchsaufbau einzufügen sind.

Übersichten 27–29: Kompetenzverteilung in der GmbH

Übersicht 27 73

GmbH-Geschäftsführer

Handlungsorgan der Gesellschaft

1. Bestellung (Organisationsakt in Abgrenzung von dem der Tätigkeit zugrunde liegenden Dienstvertrag)
   - Bestellung eines Nichtgesellschafters nach dem Grundsatz der Fremdorganschaft möglich, § 6 Abs. 3 GmbHG
   - Bestellung erfolgt durch den Gesellschaftsvertrag oder durch Beschluss der Gesellschafterversammlung, §§ 6 Abs. 3 Satz 2, 46 Nr. 5 GmbHG
2. Aufgaben
   - Geschäftsführung, vgl. insbesondere §§ 41 ff. GmbHG

- Vertretung der GmbH, § 35 Abs. 1 GmbHG
- Bei mehreren Geschäftsführern Grundsatz der Gesamtvertretung, § 35 Abs. 2 GmbHG
- Beschränkung der Vertretungsbefugnis im Innen-, nicht dagegen im Außenverhältnis, § 37 GmbHG

3. Haftung
   Gegenüber der GmbH gem. §§ 43, 46 Nr. 8 GmbHG
4. Beendigung der Geschäftsführerstellung
   - Abberufung des Geschäftsführers durch Gesellschafterversammlung, §§ 38, 46 Nr. 5 GmbHG
   - Amtsniederlegung durch Geschäftsführer

74 **Übersicht 28**

Gesellschafterversammlung

Willensbildungsorgan der Gesellschaft

1. Einberufung
   In der Regel durch Geschäftsführer, § 49 Abs. 1 GmbHG
2. Aufgaben
   a) Entsprechend Regelungen des Gesellschaftsvertrages, § 45 Abs. 1 GmbHG
   b) Subsidiär ges. Rechte gem. § 46 GmbHG
      - Insbesondere Wahl/Abberufung des Geschäftsführers, § 46 Nr. 5 GmbHG
      - Insbesondere Überwachung des Geschäftsführers, § 46 Nr. 6 GmbHG
3. Beschlussfassung
   - Grds. mit einfacher Mehrheit, § 47 GmbHG
   - Ausnahme bei Satzungsänderung, § 53 GmbHG
   - Nichtigkeit/Anfechtbarkeit von Beschlüssen analog §§ 241 ff. AktG

75 **Übersicht 29**

Aufsichtsrat

Grds. fakultatives **Kontrollorgan** der Gesellschaft, anders bei mitbestimmten Betrieben
Aufgaben

- Entsprechend den Regelungen des Gesellschaftsvertrages, § 52 Abs. 1 a. E. GmbHG
- Subsidiäre gesetzliche Aufgabenzuweisung in § 52 Abs. 1 GmbHG

d) Ansprüche der Gesellschaft gegen die Gesellschafter

76 Zu den Pflichten der Gesellschafter einer GmbH zählen die Pflicht, die **Stammeinlage** zu erbringen und die Nebenleistungspflichten. Dabei können sich **Nebenleistungspflichten** zunächst aus einer ausdrücklichen Aufnahme in den Gesellschaftsvertrag (vgl. § 3 Abs. 2 GmbHG) ergeben. Bei solchen ausdrücklich geregelten Nebenleistungspflichten kann es sich z. B. um Wettbewerbsverbote, Geschäftsführungspflichten und Kreditgewährungspflichten handeln. Darüber hinaus besteht als gesetzliche Nebenpflicht aller Gesellschafter einer GmbH die Treuepflicht.
Besondere aufbaumäßige Schwierigkeiten bietet die Prüfung von Neben- und Nebenleistungspflichten in einer Klausur nicht. Daher wird nachfolgend ausschließlich die Prüfung der Pflicht zur Erbringung der Stammeinlage dargestellt.

77 **Übersicht 30: Pflicht zur Erbringung der Stammeinlage**

A. Aufbringung des Stammkapitals bei Bargründung

Bargründungsfall liegt immer dann vor, wenn eine Sachgründung nicht ausdrücklich gesellschaftsvertraglich vereinbart worden ist, § 5 Abs. 4 Satz 1 GmbHG

1. Zahlung an die GmbH zur freien Verfügung des Geschäftsführers, § 8 Abs. 2 Satz 1 GmbHG
   a) Einzahlung mindestens $^1/_4$ des Nennbetrages des übernommenen Geschäftsanteils/der Nennbeträge der übernommenen Geschäftsanteile, § 7 Abs. 2 Satz 1 GmbHG
   b) Summe der Einzahlungen mindestens 12.500 Euro, § 7 Abs. 2 Satz 2 GmbHG

2. Sicherung der Einlagepflicht
   a) Erlass- und Aufrechnungsverbot gem. § 19 Abs. 2 GmbHG
   b) Keine Erfüllungswirkung verdeckter Sacheinlagen, § 19 Abs. 4 GmbHG (ggf. Anrechnung erbrachter Sachleistungen auf fortbestehende Geldleistungspflicht)
   c) Begrenzte Zulässigkeit vorab vereinbarter Rückzahlungen, § 19 Abs. 5 GmbHG
   d) Ausfallhaftung gem. § 24 GmbHG

In der Gründungsphase nicht geleistete Einzahlungen stellen eine Forderung der Gesellschaft gegen ihre Gesellschafter dar und werden durch entsprechenden Beschluss der Gesellschafterversammlung fällig, § 46 Nr. 2 GmbHG.

B. Aufbringung des Stammkapitals bei Sachgründungen

Sachgründung nur bei ausdrücklicher gesellschaftsvertraglicher Vereinbarung, § 5 Abs. 4 Satz 1 GmbHG
1. Leistung an die GmbH zur freien Verfügung des Geschäftsführers, § 7 Abs. 3 GmbHG
   a) Festsetzung der Sacheinlage im Gesellschaftsvertrag, § 5 Abs. 4 Satz 1 GmbHG
   b) Sofortige Erbringung, § 7 Abs. 3 GmbHG
2. Sicherung der Einlagepflicht
   a) Differenzhaftung gem. § 9 Abs. 1 GmbHG
   b) Ablehnung der Eintragung durch das Registergericht gem. § 9 c Abs. 1 Satz 2 GmbHG
   c) Erlass- und Aufrechnungsverbot gem. § 19 Abs. 2 GmbHG
   d) Ausfallhaftung gem. § 24 GmbHG

e) Ansprüche der Gesellschafter gegen die Gesellschaft

Die **Mitgliedschaft** in einer GmbH begründet ebenso wie die Mitgliedschaft in jeder anderen Gesellschaft vermögensrechtliche Ansprüche und Ansprüche auf Mitverwaltung gegenüber der Gesellschaft. Zu den Vermögensrechten der Gesellschafter zählt vor allem der Anspruch auf Gewinnbeteiligung (§ 29 GmbHG). Als Mitverwaltungsrechte stehen den Gesellschaftern einer GmbH vor allem das in § 51a GmbHG geregelte Auskunfts- und Einsichtsrecht und das in §§ 47 ff. GmbHG geregelte Stimmrecht zu. Da das Stimmrecht schon dargestellt worden ist (vgl. B. II. 1. c, Rn. 74), werden nachfolgend lediglich das Recht auf die **Gewinnbeteiligung** und das **Auskunfts- und Einsichtsrecht** der GmbH-Gesellschafter behandelt. 78

Übersicht 31: Gesellschafterrechte in der GmbH 79

A. Recht auf Gewinnbeteiligung

1. Anspruch aus § 29 GmbHG
   a) Gesetzlicher Grundsatz der Vollausschüttung gem. § 29 Abs. 1 Satz 1 GmbHG
   b) Keine abweichende Regelung zur Höhe der Ausschüttung
      - durch Gesellschaftsvertrag, § 29 Abs. 1 Satz 1 GmbHG
      - durch Beschluss, § 29 Abs. 1 Satz 1 und Abs. 2 GmbHG
2. Verteilung
   - Primär nach Regelung des Gesellschaftsvertrages, § 29 Abs. 3 Satz 2 GmbHG
   - Subsidiär nach Verhältnis der Geschäftsanteile, § 29 Abs. 3 Satz 1 GmbHG

B. Auskunfts- und Einsichtsrecht

Anspruch des Gesellschafters aus § 51a GmbHG
1. Auskunftsverlangen des Gesellschafters gem. § 51a Abs. 1 GmbHG
2. Kein Auskunftsverweigerungsrecht des Geschäftsführers gem. § 51a Abs. 2 GmbHG
   a) Besorgnis der Verwendung zu gesellschaftsfremden Zwecken
   b) Nicht unerheblicher Nachteil der Gesellschaft oder eines verbundenen Unternehmens
   c) Gesellschafterbeschluss
3. Rechtsfolge

Auskunftspflicht des Geschäftsführers nach näherer Maßgabe des § 51 a Abs. 1 GmbHG

80 **Vertiefungshinweise**

a) Zur Auskunftspflicht der Gesellschaftsorgane der GmbH untereinander und gegenüber den GmbH-Gesellschaftern siehe Hillmann in Münchener Kommentar zum GmbHG, 4. Aufl. 2023, § 51a Rn. 9 ff.
b) Zu den Wirksamkeitsvoraussetzungen der Amtsniederlegung eines GmbH-Geschäftsführers siehe BGH NJW 1993, 1998 ff.

f) Ansprüche der Gesellschaft gegen den Geschäftsführer

81 Ansprüche der Gesellschaft gegen ihren Geschäftsführer können sich in erster Linie aus dem mit diesem geschlossenen Dienstvertrag ergeben. Bei derartigen Ansprüchen geht es allerdings um dienstrechtliche Fragestellungen. Diese stehen üblicherweise nicht im Mittelpunkt gesellschaftsrechtlicher Klausuren. Dagegen handelt es sich bei der in **§ 43 GmbHG geregelten Haftung des Geschäftsführers für Pflichtverletzungen** um eine typisch gesellschaftsrechtliche Fragestellung. Bei der Prüfung dieser Anspruchsgrundlage ist insbesondere zu berücksichtigen, dass sich aus § 43 GmbHG nur ein Anspruch der Gesellschaft ergeben kann. Gesellschafter und Dritte können dagegen aus § 43 GmbHG keine Ansprüche herleiten.

82 **Übersicht 32: Geschäftsführerhaftung gegenüber der Gesellschaft**

Anspruch aus § 43 Abs. 2 GmbHG

1. Pflichtverletzung des Geschäftsführers (vgl. § 43 Abs. 1 GmbHG)
2. Verschulden des Geschäftsführers
3. Kausaler Schaden der Gesellschaft
4. Rechtsfolge

Gem. § 46 Nr. 8 GmbHG von den Gesellschaftern geltend zu machender Schadensersatzanspruch der Gesellschaft

Fall 8 (ca. 1 Stunde)

83 In Fall 7 verlangt die Gesellschafterversammlung von G Schadensersatz in Höhe von 10.000 Euro für die Gesellschaft.

Zu Recht?

Lösung:

Ein Anspruch der B gegen G auf Zahlung von 10.000 Euro könnte sich aus § 43 Abs. 2 GmbHG ergeben.

Dies setzt voraus, dass die Gesellschafterversammlung zur Geltendmachung des Schadensersatzanspruches gegen G befugt ist und dass die Voraussetzungen des § 43 Abs. 2 GmbHG erfüllt sind, der G also als Geschäftsführer eine der Gesellschaft gegenüber bestehende Pflicht schuldhaft verletzt hat und der Gesellschaft dadurch ein Schaden entstanden ist.

Grundsätzlich wird eine GmbH gemäß § 35 Abs. 1 GmbHG durch ihre Geschäftsführer vertreten. Dies gilt jedoch nach § 46 Nr. 8 GmbHG nicht für den Fall, dass Schadensersatzansprüche der Gesellschaft gegenüber dem Geschäftsführer aus der Geschäftsführung geltend gemacht werden. In diesem Fall ist die Gesamtheit der Gesellschafter zur Vertretung der GmbH berufen. Da hier Schadensersatzansprüche der B gegen G aufgrund der Geschäftsführung des G geltend gemacht werden sollen, ist die Gesellschafterversammlung das zur Geltendmachung der Schadensersatzansprüche zuständige Organ der GmbH.

Nach § 37 Abs. 1 GmbHG ist G mangels abweichender gesellschaftsvertraglicher Regelung verpflichtet, bei der Vertretung der B die Beschränkungen einzuhalten, die sich aus den Beschlüssen der Gesellschafterversammlung ergeben. Gegen diese Verpflichtung hat G hier verstoßen.

G hat auch schuldhaft, nämlich vorsätzlich i. S. d. § 276 Abs. 1 BGB gehandelt, da er sich bewusst über den klaren Beschluss der Gesellschafterversammlung hinweggesetzt hat.

Durch die Handlung des G ist der B auch ein Schaden in Höhe von 10.000 Euro entstanden. Dieser besteht darin, dass B für Waren im Wiederverkaufswert von 30.000 Euro 40.000 Euro zahlen muss.

B hat daher gegen G einen Schadensersatzanspruch in Höhe von 10.000 Euro aus § 43 Abs. 2 GmbHG.

Beachte: 84

Anders als Schadensersatzansprüche nach § 280 Abs. 1 BGB knüpfen Schadensersatzansprüche nach § 43 Abs. 2 GmbHG nicht an das Vorliegen eines Schuldverhältnisses (z. B. Dienstvertrag mit dem Geschäftsführer), sondern an die organschaftliche Bestellung des Geschäftsführers an. Dabei ist § 43 Abs. 2 GmbHG im Verhältnis zu § 280 Abs. 1 BGB das speziellere Gesetz. Neben einem Anspruch aus § 43 Abs. 2 GmbHG haben Ansprüche aus § 280 Abs. 1 BGB auch bei der Verletzung einer Pflicht aus einem neben der Geschäftsführerstellung bestehenden Schuldverhältnis keine eigenständige Bedeutung.

Vertiefungshinweise 85

Zur auf Verstöße gegen zwingende gesetzliche Verbote beschränkten Schadensersatzpflicht des Alleingesellschafter-Geschäftsführers einer GmbH siehe BGH NJW 2014, 94 ff.

g) Ansprüche Dritter gegen den Geschäftsführer

Im Verhältnis zu Dritten kommt eine **Haftung des Geschäftsführers** einer GmbH grundsätzlich nicht in Betracht. Der Geschäftsführer wird im Normalfall nämlich lediglich als Vertreter für die Gesellschaft tätig. Aus den von ihm für die Gesellschaft abgeschlossenen Rechtsgeschäften wird er daher nicht persönlich verpflichtet. Dies schließt es jedoch nicht aus, dass sich aufgrund anderer Anspruchsgrundlagen Ansprüche Dritter gegen den Geschäftsführer einer GmbH ergeben können. Entsprechende Ansprüche kommen im Wesentlichen dann in Betracht, wenn der Geschäftsführer ein ihn in seiner Stellung als Geschäftsführer treffendes **Schutzgesetz i. S. d. § 823 Abs. 2 BGB** verletzt. In der Praxis erweisen sich dabei insbesondere die in § 15a InsO geregelte Insolvenzantragspflicht und die in § 266a StGB unter Strafe gestellte Vorenthaltung von Arbeitnehmerbeiträgen zur Sozialversicherung als haftungsrelevant. Darüber hinaus ist anerkannt, dass ein Geschäftsführer ausnahmsweise persönlich aus der **Verletzung eines vorvertraglichen Schuldverhältnisses (§§ 280 Abs. 1, 311 Abs. 2 und 3 BGB)** in Anspruch genommen werden kann, wenn er bei Vertragsverhandlungen in besonderem Maße persönliches Vertrauen in Anspruch genommen hat (Haftung wegen der Inanspruchnahme persönlichen Vertrauens) oder dem Verhandlungsgegenstand besonders nahesteht, wirtschaftlich selbst stark am Vertragsabschluss interessiert ist und aus dem Geschäft eigenen Nutzen erstrebt (Haftung wegen unmittelbarem wirtschaftlichen Eigeninteresse). Dabei reicht es wegen der Regelung des § 13 Abs. 2 GmbHG für die Begründung einer Haftung aus § 280 Abs. 1 BGB wegen eines unmittelbaren wirtschaftlichen Eigeninteresses nicht aus, dass ein Geschäftsführer an der GmbH als deren (Allein-)Gesellschafter beteiligt ist. Nachfolgend werden die entsprechenden Anspruchsgrundlagen mit Ausnahme des § 266 a StGB, bei dem es sich um ein Schutzgesetz zugunsten der Sozialversicherungsträger handelt, näher dargestellt. 86

Übersichten 33 und 34: Geschäftsführerhaftung gegenüber Dritten

Übersicht 33 87

Anspruch aus Verletzung eines vorvertraglichen Schuldverhältnisses

(§§ 280 Abs. 1, 311 Abs. 3 BGB)

1. Existenz eines vorvertraglichen Schuldverhältnisses (§ 311 Abs. 3 BGB)
   Grds. nur zum künftigen Vertragspartner GmbH, nicht zum Geschäftsführer als Vertreter der GmbH. **Ausnahmen:**
   a) Erhebliches wirtschaftliches Eigeninteresse des Geschäftsführers am Vertragsschluss
      - Tätigkeit des Vertreters zielt auf Beseitigung von Schäden ab, für die er andernfalls vom Vertretenen in Anspruch genommen werden könnte
      - Gesellschafter-Geschäftsführer hat schon beim Vertragsschluss die Absicht gehabt, die Leistung an der Gesellschaft vorbei zum eigenen Nutzen einzusetzen

- Nicht: Persönliche Stellung von Kreditsicherheiten durch den Geschäftsführer für Gesellschaftsverbindlichkeiten

b) Inanspruchnahme von persönlichem Vertrauen in besonderem Maße
Erklärungen im Vorfeld einer Garantiezusage

2. Verletzung von Sorgfalts- bzw. Verhaltenspflichten (§ 241 Abs. 2 BGB)
Umfang, Inhalt und Intensität ergeben sich aus dem Inhalt des Schuldverhältnisses
3. Verschulden
Wird nach § 280 Abs. 1 Satz 2 BGB vermutet
4. Schaden

88 **Übersicht 34**

Anspruch aus § 823 Abs. 2 BGB i. V. m. § 15a InsO

1. Vorliegen eines Schutzgesetzes i. S. d. § 823 Abs. 2 BGB
Insolvenzantragspflicht nach § 15a InsO ist Schutzgesetz i. S. d. § 823 Abs. 2 BGB
   a) Schutzbereich bei Altgläubigern (Forderungserwerb vor Eintritt der Insolvenzantragspflicht)
   Quotenschaden = Betrag, um den sich die Insolvenzquote durch verzögerte Antragstellung verringert
   b) Schutzbereich bei Neugläubigern (Forderungserwerb nach Eintritt der Insolvenzantragspflicht)
   (Voller) Schaden, der durch die Rechtsbeziehung zur überschuldeten/zahlungsunfähigen GmbH entstanden ist
2. Verstoß des Geschäftsführers gegen § 15a InsO
   a) Zahlungsunfähigkeit der GmbH (§ 17 InsO) oder Überschuldung der GmbH (§ 19 InsO)
   b) Schuldhaft verzögerte Insolvenzantragstellung durch den Geschäftsführer
3. Rechtswidrigkeit
4. Verschulden
5. Rechtsfolge

Schadensersatzanspruch entsprechend dem jeweiligen Schutzbereich des § 15a InsO, bei sog. Quotenschäden ist § 92 InsO zu beachten.

89 **Vertiefungshinweise**

a) Zu den Voraussetzungen der persönlichen Haftung eines GmbH-Geschäftsführers für Verbindlichkeiten der Gesellschaft gem. §§ 280 Abs. 1, 311 Abs. 3 BGB und zum Umfang der Haftung gegenüber (Neu-) Gläubigern, die ihre Forderung nach dem Zeitpunkt der Insolvenzantragspflicht erworben haben, siehe BGHZ 126, 181 ff.
b) Zur deliktischen Haftung des GmbH-Geschäftsführers wegen Nichtabführung von Arbeitnehmer-Sozialversicherungsbeiträgen nach § 823 Abs. 2 BGB i. V. m. § 266a StGB siehe BGHZ 134, 304 ff.

h) Ansprüche bei Rückgewähr von Stammkapital und bei Gesellschafterdarlehen

90 Das GmbHG gewährleistet in verschiedenen Vorschriften, dass das Stammkapital der GmbH tatsächlich zur Verfügung steht (vgl. Punkt B. II. 1. D, Rn. 77 ff.). Die Vorschriften über die **Aufbringung des Stammkapitals** wären allerdings wertlos, wenn es der GmbH direkt nach der Gründungsphase möglich wäre, das von ihren Gesellschaftern erbrachte Stammkapital wieder an diese auszuschütten. Um dies zu vermeiden, enthält das GmbHG auch Vorschriften, die dafür Sorge tragen, dass das Stammkapital nicht durch Rückzahlungen an die Gesellschafter gemindert wird. Dazu gehört in erster Linie das in §§ 30 f. GmbHG geregelte **Verbot der Auszahlung des zur Erhaltung des Stammkapitals erforderlichen Vermögens** an die Gesellschafter.

91 **Übersicht 35: Erhaltung des Stammkapitals**

Verbotene Rückzahlung des Stammkapitals, § 30 Abs. 1 GmbHG

1. Vermögen, das zur Erhaltung des Stammkapitals erforderlich ist
Abfluss des Vermögens führt bei bilanzieller Betrachtungsweise zur Entstehung oder Verstärkung eine sog. Unterbilanz

2. Auszahlung an Gesellschafter
   - Gegenleistungsfreie Geld- oder Sachleistung
   - Leistung ohne gleichwertige Gegenleistung (Abgrenzung: § 30 Abs. 1 Satz 2 GmbHG)
3. Rechtsfolge
   - Unbeschränkte Erstattungspflicht als Regelfall, § 31 Abs. 1 GmbHG
   - Beschränkte Erstattungspflicht bei gutgläubigen Empfängern, § 31 Abs. 2 GmbHG
   - Subsidiäre Haftung der übrigen Gesellschafter, § 31 Abs. 3 GmbHG

Das in § 30 Abs. 1 GmbHG geregelte Verbot der Rückzahlung des zum Erhalt des Stammkapitals erforderlichen Vermögens wandte die Rechtsprechung bis zur Reform des GmbHG durch das MoMiG auch auf die Rückzahlung solcher Darlehen durch die GmbH an ihre Gesellschafter an, die materiell an die Stelle von Stammkapital traten (sogenannte eigenkapitalersetzende Gesellschafterdarlehen). Dieser Rechtsprechung ist durch § 30 Abs. 1 Satz 3 GmbHG die gesetzliche Grundlage entzogen worden. Regelungen zur Behandlung von **Gesellschafterdarlehen** finden sich nunmehr in den §§ 39, 44 a, 135 InsO. 92

i) Unternehmergesellschaft (haftungsbeschränkt)

Bei der in § 5 a GmbHG geregelten Unternehmergesellschaft (haftungsbeschränkt) – abgekürzt UG (haftungsbeschränkt) – handelt es sich nicht um eine eigenständige Gesellschaftsform, sondern um einen Unterfall der GmbH. Mit der UG (haftungsbeschränkt) soll es Unternehmensgründern, die das in § 5 Abs. 1 GmbHG vorgesehene Mindeststammkapital von 25.000 Euro für die Gründung einer GmbH nicht aufbringen können oder wollen, ermöglicht werden, eine ihre persönliche Haftung ausschließende Gesellschaft zu gründen, ohne dafür unter Ausnutzung der europarechtlichen Niederlassungsfreiheit auf ausländische Gesellschaftsformen, wie z. B. die niederländische Besloten Vennotschap (BV), zurückgreifen zu müssen. 93

Da die UG (haftungsbeschränkt) eine Unterform der GmbH ist, finden bei der Prüfung von diese Gesellschaft betreffenden Fallgestaltungen prinzipiell die für die GmbH geltenden gesetzlichen Regelungen Anwendung. Allerdings

- genügt für die Gründung einer UG (haftungsbeschränkt) ein Mindeststammkapital von 1 Euro (§ 5a Abs. 1 GmbHG i. V. m. § 5 Abs. 2 GmbHG),
- muss das Mindeststammkapital sofort in voller Höhe eingezahlt werden (§ 5a Abs. 2 Satz 1 GmbHG),
- ist eine Sachgründung nicht zugelassen (§ 5a Abs. 2 Satz 2 GmbHG),
- dürfen Gewinne nur eingeschränkt ausgeschüttet werden (§ 5a Abs. 3 GmbHG).
- Mit diesen Einschränkungen sind die vorstehend wiedergegebenen Prüfungsverläufe in den Übersichten 22 bis 35 auch auf Fallgestaltungen anwendbar, bei denen eine UG (haftungsbeschränkt) beteiligt ist.

2. Aktiengesellschaft

a) Ansprüche gegen die Gesellschaft

Nach §§ 1, 3 Abs. 1 AktG ist die Aktiengesellschaft eine Handelsgesellschaft mit eigener Rechtspersönlichkeit und einem in Aktien zerlegten Grundkapital, für deren Verbindlichkeiten den Gläubigern nur das Gesellschaftsvermögen haftet. Angesichts dieser gesetzlich eindeutig geregelten Haftungsstrukur werden in einer Klausur **Ansprüche gegen eine Aktiengesellschaft** üblicherweise wohl nur dann geprüft werden, wenn dabei zusätzliche Probleme, wie z. B. Vertretungsregelungen oder die Zurechnung deliktischen Verhaltens, zu erörtern sind. 94

95 **Übersicht 36: Ansprüche gegen eine AG**

Anspruch aus §§ ..., 1 Abs. 1 AktG

1. Existenz einer in das Handelsregister eingetragenen AG (vgl. § 41 Abs. 1 S. 1 AktG)
   Eventuelle Gründungsmängel haben keine Auswirkung auf den Anspruch (vgl. §§ 275 ff. AktG, insbes. 277 Abs. 2 AktG)
2. Wirksame Begründung eines Anspruchs gegen die AG
   - Vertragliche Erfüllungsansprüche: Grds. organschaftliche Vertretung der Gesellschaft durch den Vorstand gem. § 78 Abs. 1 AktG, 164 ff. BGB (Ausnahme: Vertretung der Gesellschaft gegenüber dem Vorstand durch den Aufsichtsrat gem. § 112 AktG)
   - Bei mehreren Vorstandsmitgliedern grds. Gesamtvertretungsbefugnis gem. § 78 Abs. 2–4 AktG
   - Keine Beschränkbarkeit im Außenverhältnis, § 82 Abs. 1 AktG
   - Vertragliche Schadensersatzansprüche: Zurechnung von Organhandlungen gem. § 31 BGB
   - Deliktische Schadensersatzansprüche: Zurechnung von Organhandlungen gem. § 31 BGB
   - Ausgleich von Bereicherungen gem. §§ 812 ff. BGB bei Bereicherung der Gesellschaft
3. Rechtsfolgen
   - Grds. ausschließliche Haftung der AG, § 1 Abs. 1 S. 2 AktG
   - Ggf. persönliche deliktische Haftung der Organe nach allgemeinen Vorschriften (§§ 823 ff. BGB)

b) Gesellschaftsorgane und ihre Zuständigkeit

96 Da die Aktiengesellschaft als juristische Person nicht selbst handeln kann, benötigt sie Organe. Das AktG schreibt zwingend den **Vorstand** (§§ 76–94 AktG) als Leitungsorgan der Gesellschaft, den **Aufsichtsrat** (§§ 95–116 AktG) als Kontrollorgan der Gesellschaft und die **Hauptversammlung** (§§ 118–149 AktG) als das Organ, in dem und durch das die Aktionäre ihre Rechte ausüben, vor. Dabei kennt das AktG keine hierarchische Organverfassung. Anders als bei der GmbH, bei der die Gesamtheit der Gesellschafter das oberste Willensbildungsorgan der Gesellschaft ist, kann die Hauptversammlung der Aktiengesellschaft nicht als oberstes Organ der Aktiengesellschaft bezeichnet werden.
Isolierte Fragestellungen zur Zuständigkeit von Gesellschaftsorganen tauchen in einer Klausur im Normalfall nur als Zusatzfrage auf. Üblicherweise werden Zuständigkeitsfragen in einen kompletten Anspruchsaufbau eingebettet, sodass z. B. bei der Prüfung von Schadensersatzansprüchen der Aktiengesellschaft gegen ihre Vorstandsmitglieder auch zu erwähnen ist, dass diese Ansprüche in Abweichung von der Grundregel des § 78 Abs. 1 AktG nach § 112 AktG vom Aufsichtsrat geltend zu machen sind. Insofern handelt es sich bei den nachfolgend dargestellten Prüfungsabläufen auch um Bausteine, die in einer Klausur an der jeweils passenden Stelle in den Anspruchsaufbau einzufügen sind.

Übersichten 37–39: Kompetenzverteilung in der AG

97 **Übersicht 37**

Vorstand, §§ 76–94 AktG

1. Bestellung durch den Aufsichtsrat auf höchstens fünf Jahre, § 84 Abs. 1 AktG (Organisationsakt in Abgrenzung von dem der Tätigkeit zugrunde liegenden Dienstvertrag)
   - Bestellung eines Nichtgesellschafters nach dem Grundsatz der Fremdorganschaft möglich
   - Besondere persönliche Voraussetzungen gem. § 76 Abs. 3 AktG
2. Rechte und Pflichten des Vorstandes
   a) Recht und Pflicht zur Geschäftsführung im Innenverhältnis, § 77 AktG
      - Bei mehreren Mitgliedern grds. gemeinschaftlich, § 77 Abs. 1 S. 1 AktG
      - Abweichende Regelung durch Satzung oder Geschäftsordnung möglich, § 77 Abs. 1 S. 2 AktG

b) Recht und Pflicht zur Vertretung im Außenverhältnis, § 78 Abs. 1 AktG
   aa) Inhaber der Vertretungsbefugnis
      - Bei mehreren Vorstandsmitgliedern grds. Gesamtvertretungsbefugnis gem. § 78 Abs. 2–4 AktG
      - Abweichende Regelung durch Satzung möglich, § 78 Abs. 2 Sa. 1 AktG
   bb) Reichweite der Vertretungsmacht
      - Keine Beschränkbarkeit der Vertretungsbefugnis im Außenverhältnis, § 82 Abs. 1 AktG
      - Pflicht zur Einhaltung wirksamer Beschränkungen im Innenverhältnis, § 82 Abs. 2 AktG
c) Unterrichtungspflicht gegenüber dem Aufsichtsrat gem. § 90 AktG

3. Haftung des Vorstandes gegenüber der AG
   Bei Verletzung der Pflichten eines ordentlichen und gewissenhaften Geschäftsleiters nach § 93 Abs. 2 S. 1 AktG
4. Abberufung des Vorstandes
   Widerruf der Bestellung durch den Aufsichtsrat aus wichtigem Grund möglich, § 84 Abs. 4 AktG

Übersicht 38 98

Aufsichtsrat, §§ 95–116 AktG

1. Bestellung des Aufsichtsrates, §§ 101 ff. AktG
   Bestellung erfolgt nach § 101 Abs. 1 S. 1 AktG grds. durch die Hauptversammlung. Ausnahmen:
   - Bestellung des ersten Aufsichtsrates durch die Gründer, § 30 Abs. 1 AktG
   - Entsendung von Arbeitnehmervertretern nach den Mitbestimmungsgesetzen, § 101 Abs. 1 Satz 1 AktG
2. Rechte und Pflichten des Aufsichtsrates
   a) Bestellung und Abberufung des Vorstandes, § 84 AktG
   b) Überwachung der Geschäftsführung des Vorstandes, § 111 AktG
      - Berichtspflicht des Vorstandes gem. § 90 AktG
      - Recht zur Prüfung der Bücher und Sachbestände der Gesellschaft gem. § 111 Abs. 2 AktG
      - Ggf. Zustimmung zu bestimmten Geschäftsführungsakten des Vorstandes gem. § 111 Abs. 4 AktG erforderlich
   c) Vertretung der Gesellschaft gegenüber dem Vorstand, § 112 AktG
   d) Prüfung des Jahresabschlusses, § 171 AktG
3. Haftung des Aufsichtsrates gegenüber der AG
   Bei Verletzung der Pflichten eines ordentlichen und gewissenhaften Geschäftsleiters nach §§ 116, 93 Abs. 2 S. 1 AktG
4. Abberufung des Aufsichtsrates
   Abberufung nach näherer Maßgabe des § 103 AktG möglich

Übersicht 39 99

Hauptversammlung, §§ 118–149 AktG

1. Einberufung
   - In der Regel durch den Vorstand, § 121 f. AktG
   - Bei Erforderlichkeit für das Gesellschaftswohl auch durch den Aufsichtsrat, § 111 Abs. 3 AktG
2. Rechte und Pflichte der Hauptversammlung
   - Zuständigkeitskatalog in § 119 Abs. 1 Nr. 1–9 AktG
   - Keine Zuständigkeit für Fragen der Geschäftsführung ohne Verlangen des Vorstandes, § 119 Abs. 2 AktG
3. Beschlussfassung
   - Notarielle Beurkundung erforderlich, § 130 Abs. 1 AktG
   - Sonderregeln zur Nichtigkeit und Anfechtbarkeit in den §§ 241 ff. AktG

c) Ansprüche einzelner Gesellschafter gegen die Gesellschaft und ihre Organe

Wie jeder Gesellschafter einer Gesellschaft verfügt auch der Aktionär einer Aktien- 100
gesellschaft über Vermögensrechte und Mitverwaltungsrechte. Zu den **Vermögensrechten der Aktionäre** gehören u. a. das Dividendenrecht (§§ 58 Abs. 4, 60, 174 AktG) und das Recht auf Teilhabe am Liquidationserlös (§ 271 AktG). Zu den **Mitverwaltungsrechten der Aktionäre** einer Aktiengesellschaft zählen vor allem das Recht auf

Teilnahme an der Hauptversammlung (§ 118 AktG) und das Stimmrecht (§ 134 AktG), das Auskunftsrecht (§ 131 AktG), das Recht, bei Vorliegen bestimmter Voraussetzungen Hauptversammlungsbeschlüsse anfechten zu können (§§ 241 ff. AktG) und das Recht, bei Vorliegen bestimmter Voraussetzungen die Einberufung der Hauptversammlung verlangen zu können (§ 121 AktG). Im nachfolgenden Prüfablauf wird ausschließlich das besonders klausurrelevante Auskunftsrecht dargestellt. Die Prüfung des Rechts auf Anfechtung von Hauptversammlungsbeschlüssen bleibt dem nachfolgenden Kapitel vorbehalten.

101 **Übersicht 40: Auskunftsrecht des Aktionärs**

Anspruch gegen den Vorstand aus § 131 Abs. 1 AktG

1. Verlangen eines Aktionärs
2. In der Hauptversammlung
3. Auskunft zur sachgemäßen Beurteilung des Gegenstandes der Tagesordnung erforderlich
4. Kein Auskunftsverweigerungsrecht des Vorstandes gem. § 131 Abs. 3 Nr. 1–7 AktG
   a) Vorliegen eines der in § 131 Abs. 3 Nr. 1–7 AktG genannten Auskunftsverweigerungsgründe
   b) Kein Ausschluss des Auskunftsverweigerungsrechtes nach § 131 Abs. 4 AktG
      - Kein Verweigerungsrecht bzgl. der Gründe des § 131 Abs. 3 Nr. 1–4 AktG, wenn Vorstand einem Aktionär in dieser Eigenschaft außerhalb der HV Auskunft gegeben hat, § 131 Abs. 4 S. 2 AktG
      - Kein Verweigerungsrecht wegen mangelnder Erforderlichkeit zur sachgemäßen Beurteilung des Gegenstandes der Tagesordnung, wenn der Vorstand anderen Aktionären in dieser Eigenschaft außerhalb der HV Auskunft gegeben hat, § 131 Abs. 4 S. 1 AktG
5. Rechtsfolge
   Auskunftspflicht des Vorstandes nach näherer Maßgabe des § 131 Abs. 2 AktG

Fall 9 (ca. 1 Stunde)

102 B ist Kleinaktionär der Westdeutschen Chemie AG. In der Hauptversammlung der Gesellschaft wird entsprechend der Tagesordnung u. a. die Frage der Errichtung eines Zweigwerkes erörtert. Die wirtschaftlichen Erfolgsaussichten eines solchen Zweigwerkes hat der Vorstand – wie am Morgen der Hauptversammlung im Handelsblatt zu lesen war – den wichtigsten Hauptaktionären der Gesellschaft schon am Abend vor der Hauptversammlung anlässlich eines informellen Zusammentreffens dargelegt. B möchte vom Vorstand in der Hauptversammlung nunmehr ebenfalls wissen, welche Chancen bestehen, dass das geplante Zweigwerk wirtschaftlich arbeitet. Der Vorstand verweigert die Auskunft mit der zutreffenden Begründung, dass die Erörterung der wirtschaftlichen Erfolgsaussichten des Zweigwerkes in der Hauptversammlung der Gesellschaft durch ihr Bekanntwerden nicht unerhebliche Nachteile zufügen könnten.

Hat B gegen den Vorstand einen Anspruch auf Erteilung der Auskunft?

Lösung:

Ein Auskunftsanspruch des B könnte sich aus § 131 Abs. 1 AktG ergeben. Die danach für einen Auskunftsanspruch erforderlichen Voraussetzungen, nämlich ein entsprechendes Verlangen des Aktionärs B in der Hauptversammlung zu einem zur sachgemäßen Beurteilung eines Gegenstandes der Tagesordnung, hier der Errichtung des Zweigwerkes, erforderlichen Punkt sind offensichtlich gegeben.

Fraglich ist jedoch, ob der Vorstand trotz des grundsätzlich bestehenden Auskunftsanspruchs des B nach § 131 Abs. 3 Nr. 1 AktG zur Verweigerung der Auskunft berechtigt war. Aufgrund der Regelung des § 131 Abs. 3 Nr. 1 AktG darf der Vorstand die Auskunft u. a. dann verweigern, wenn deren Erteilung nach vernünftiger kaufmännischer Beurteilung geeignet ist, der Gesellschaft einen nicht unerheblichen Nachteil zuzufügen. Dies ist hier der Fall. Dennoch durfte hier der Vorstand nach § 131 Abs. 4 S. 2 AktG dem B die Auskunft deshalb nicht verweigern, weil er diese zuvor anderen Aktionären, nämlich den wichtigsten Hauptaktionären der Gesellschaft, außerhalb der Hauptversammlung gegeben hat.

Somit hat B gegen den Vorstand einen Auskunftsanspruch nach § 131 Abs. 1 AktG.

Vertiefungshinweise 103

a) Umfassend zum Auskunftsrecht des Aktionärs in der Hauptversammlung Koch, AktG, 17. Aufl. 2023, § 131 AktG
b) Vertiefend zum Umfang der Auskunftspflicht in der Hauptversammlung BGH NJW 2014, 541 ff.

d) Nichtigkeit und Anfechtbarkeit von Hauptversammlungsbeschlüssen

Als Rechtsgeschäft können Hauptversammlungsbeschlüsse nichtig oder anfechtbar sein. 104
Für die Nichtigkeit oder Anfechtbarkeit von Hauptversammlungsbeschlüssen einer Aktiengesellschaft gelten die Vorschriften des BGB über die Nichtigkeit und Anfechtbarkeit von Willenserklärungen jedoch nicht. Stattdessen enthalten die §§ 241 ff. AktG eine abschließende Sonderregelung. Diese Vorschriften stellen ein im Bereich des Rechts der Aktiengesellschaften besonders beliebtes Prüfungsthema dar.
Aus welchem Grund ein Hauptversammlungsbeschluss nichtig sein kann, ist vor allem in § 241 AktG geregelt. Nichtige Hauptversammlungsbeschlüsse entfalten keine Rechtswirkung. Einer besonderen Geltendmachung der Nichtigkeit bedarf es nicht.
Anfechtbare Hauptversammlungsbeschlüsse sind ebenso wie nichtige Beschlüsse rechtswidrig. Im Gegensatz zu nichtigen Beschlüssen sind anfechtbare Hauptversammlungsbeschlüsse jedoch zunächst wirksam. Es bleibt dem Anfechtungsberechtigten überlassen, ob er den betreffenden Beschluss im Wege der Anfechtungsklage anfechten und dadurch dessen Nichtigkeit herbeiführen will. Tut er dies nicht, bleibt der Beschluss wirksam.

Übersicht 41: Fehlerhafte HV-Beschlüsse 105

A. Nichtigkeit eines HV-Beschlusses

1. Vorliegen eines Nichtigkeitsgrundes
   Vgl. die Aufzählung in § 241 Nr. 1–6 AktG
2. Keine Heilung des nichtigen Beschlusses
   Vgl. die Detailregelung in § 242 Abs. 1–3 AktG
3. Rechtsfolge
   - Nichtigkeit eines HV-Beschlusses kann jederzeit geltend gemacht werden, § 249 Abs. 1 S. 2 AktG
   - Möglichkeit zur Klage auf Feststellung der Nichtigkeit gegen die Gesellschaft, § 249 Abs. 1 S. 1 AktG

B. Anfechtbarkeit eines HV-Beschlusses

1. Vorliegen eines Anfechtungsgrundes
   Vgl. die Regelung in § 243 Abs. 1–4 AktG
2. Keine Bestätigung des anfechtbaren Beschlusses
   Vgl. § 244 AktG
3. Anfechtungsbefugnis
   Vgl. die Auflistung anfechtungsbefugter Aktionäre in § 245 Nr. 1–5 AktG
4. Rechtsfolge
   - Anfechtbarer Beschluss bleibt zunächst wirksam
   - Möglichkeit zur Erhebung einer fristgebundenen Anfechtungsklage, § 246 AktG

Vertiefungshinweise 106

a) Zur Rechtfertigung des Ausschlusses eines Aktionärs von der Hauptversammlung und zur Anfechtungsbefugnis des Aktionärs BGH NJW 1966, 43 ff.
b) Zur Anfechtung eines Hauptversammlungsbeschlusses wegen Auskunftsverweigerung BGH NJW 1983, 878 ff.

III. Typenvermischung in der GmbH & Co. KG

Die GmbH & Co. KG ist eine **Kommanditgesellschaft,** deren Besonderheit darin besteht, 107
dass ein Komplementär der KG, und zwar in der Praxis meist der einzige Komplementär, eine GmbH ist. Bei der GmbH & Co. KG wird somit die heute allgemein anerkannte

Möglichkeit genutzt, dass auch eine juristische Person (GmbH) Gesellschafter einer Gesellschaft (KG) sein kann. Da die GmbH & Co. KG die Verbindung zweier Gesellschaftsformen ist, ist auf die GmbH & Co. KG sowohl das Recht der GmbH als auch das Recht der KG anzuwenden. Dabei gelten für die Kommanditgesellschaft die §§ 161 ff. HGB, für die GmbH die Vorschriften des GmbHG. Bei der Suche nach den zur Lösung eines konkreten Problems einschlägigen Vorschriften ist zu beachten, dass die KG Trägerin des Handelsgeschäfts ist, während die Komplementär-GmbH lediglich als Gesellschafterin der GmbH & Co. KG fungiert.

Die Tatsache, dass die KG Trägerin des Handelsgeschäfts ist, besitzt insbesondere Bedeutung für die Frage, wie die GmbH & Co. KG vertreten wird und wer für die Verbindlichkeiten der GmbH & Co. KG haftet. Einschlägig sind hier die Bestimmungen der §§ 161 ff. HGB, nicht etwa die Vorschriften des GmbHG. Das Recht der GmbH erlangt lediglich über den Umweg der §§ 161 ff. HGB mittelbar Bedeutung für die Vertretung und Haftung der GmbH & Co. KG. Die nachfolgende Darstellung verdeutlicht, welche Auswirkungen diese Tatsache auf den Prüfungsablauf hat.

Übersichten 42–44: Ansprüche gegen eine GmbH & Co. KG und ihre Gesellschafter

108 **Übersicht 42**

Anspruch gegen die GmbH & Co. KG

Anspruch aus §§ ..., 105 Abs. 2, 161 Abs. 2 HGB

1. Bestehen einer KG (§ 161 Abs. 1 HGB)
   a) Wirksamer Vertrag i. S. d. § 705 BGB
      Mindestens 2 Vertragsparteien ([Vor-]GmbH als Komplementärin, natürliche Person[en] als Kommanditist[en])
      Vgl. im Übrigen Punkt B. I. 3. a, Rn. 44
   b) Gerichtet auf gemeinsamen Zweck (§§ 105 Abs. 1 oder 107 Abs. 1, 161 Abs. 2 HGB)
      Vgl. Punkt B. I. 3. a, Rn. 44
2. Wirksamwerden der GmbH & Co. KG im Außenverhältnis
   - Grds. ab Eintragung der KG im Handelsregister, §§ 123 Abs. 1 S. 1, 161 Abs. 2 HGB
   - Ausnahmsweise bei Geschäftsaufnahme der KG im Einvernehmen aller Gesellschafter in den Fällen der §§ 1, 105 Abs. 1 HGB (Istkaufmännische Tätigkeit), §§ 123 Abs. 1 S. 2, 161 Abs. 2 HGB
3. Verpflichtung der GmbH & Co. KG
   - Vertragliche Erfüllungsansprüche: organschaftliche Vertretung der KG durch Komplementär-GmbH gem. §§ 124, 161 Abs. 2, 170 Abs. 1 HGB, §§ 164 ff. BGB (Rechtsgeschäftliche Vertretung durch Kommanditisten möglich); dabei wird die Komplementär-GmbH wiederum gem. §§ 35 ff. GmbHG durch ihren Geschäftsführer organschaftlich vertreten
   - Vertragliche Schadensersatzansprüche: Zurechnung von Handlungen der Komplementär-GmbH gem. § 31 BGB/§ 278 BGB (Einsatz der Kommanditisten als Erfüllungsgehilfen i. S. d. § 278 BGB im Einzelfall möglich); dabei muss sich die Komplementär-GmbH wiederum das Verhalten ihres Geschäftsführers nach § 31 BGB und das Verhalten sonstiger Erfüllungsgehilfen nach § 278 BGB zurechnen lassen
   - Deliktische Schadensersatzansprüche: Zurechnung von Handlungen der Komplementäre gem. § 31 BGB, regelmäßig nicht nach § 831 BGB (ggf. kann auch Kommanditist bei von § 164 HGB abweichender Regelung der Geschäftsführungsbefugnis Organ der KG sein); dabei muss sich die Komplementär-GmbH wiederum das Verhalten ihres Geschäftsführers nach § 31 BGB zurechnen lassen
   - Ausgleich von Bereicherungen gem. §§ 812 ff. BGB bei Bereicherung der KG

109 **Übersicht 43**

Anspruch gegen die Komplementär-GmbH aus §§ ..., 126, 161 Abs. 2 HGB

1. Bestehen einer nach außen wirksamen GmbH & Co. KG
   Vgl. die vorstehenden Ausführungen zum Anspruch gegen die GmbH & Co. KG
2. Haftung der Komplementär-GmbH
   a) Bestehen einer Schuld der KG

b) (Vor-)GmbH im Zeitpunkt der Begründung des Anspruchs Gesellschafter der KG (§ 126 HGB) oder nach Begründung des Anspruchs Gesellschafter der KG geworden (§ 127 HGB)

3. Rechtsfolge
Unbeschränkte Haftung der Komplementär-GmbH nach §§ 126, 161 Abs. 2 HGB mit ihrem beschränkten GmbH-Gesellschaftsvermögen nach § 13 Abs. 2 GmbHG

Übersicht 44 110

Haftung des Kommanditisten nach Eintragung der GmbH, der KG und der Kommanditistenstellung gem. § 171 Abs. 1 HGB

Vgl. den Prüfungsablauf Punkt B. I. 3.b, Rn. 48.

Fall 10 (ca. 1,5 Stunden)

Die A-GmbH & Co. KG betreibt ein Bauunternehmen. Sie besteht aus der A-Verwaltungs GmbH, deren Alleingesellschafter und Geschäftsführer A ist. A ist zugleich einziger Kommanditist der A-GmbH & Co. KG. A kauft im Namen der A-GmbH & Co. KG einen PC bei B. 111

Welche Ansprüche stehen B zu?

Lösung:

1. *Anspruch des B gegen die A-GmbH & Co. KG*

Der Kaufpreisanspruch des B gegen die KG könnte sich aus § 433 Abs. 2 BGB i. V. m. §§ 105 Abs. 2, 161 Abs. 2 HGB ergeben. Dies setzt voraus, dass B die A-GmbH & Co. KG wirksam vertreten hat.

Dies hängt zunächst nach den §§ 124, 161 Abs. 2 HGB alleine davon ab, ob die KG durch ihre Komplementärin (A-Verwaltungs GmbH) wirksam vertreten worden ist. Da die A-GmbH als Komplementärin der A-GmbH & Co. KG zur organschaftlichen Vertretung der KG befugt war, ist dies dann der Fall, wenn auch die A-GmbH als Komplementärin ihrerseits wirksam vertreten worden ist. Dies ergibt sich aus § 35 Abs. 1 GmbHG, wonach die A-Verwaltungs GmbH durch ihren Geschäftsführer (A) wirksam vertreten wird.

Also hat B gegen die A-GmbH & Co. KG einen Kaufpreisanspruch aus § 433 Abs. 2 BGB i. V. m. §§ 105 Abs. 2, 161 Abs. 2 HGB.

2. *Anspruch des B gegen die A-Verwaltungs GmbH*

Die A-Verwaltungs GmbH könnte dem B in ihrer Eigenschaft als Komplementärin der A-GmbH & Co. KG gemäß §§ 126, 161 Abs. 2 HGB für dessen Kaufpreisforderung gegenüber der KG haften.

Da die A-Verwaltungs GmbH im Zeitpunkt der Begründung der Verbindlichkeit des B Komplementärin der A-GmbH & Co. KG war, sind die Voraussetzungen für eine Haftung der A-Verwaltungs GmbH nach §§ 126, 161 Abs. 2 HGB erfüllt. Diese Haftung der A-Verwaltungs GmbH aus § 126 HGB ist, wie jede Haftung eines Komplementärs, eine unbeschränkte und persönliche Haftung. Tatsächlich wird diese unbeschränkte und persönliche Haftung der A-Verwaltungs GmbH als Komplementärin der A-GmbH & Co. KG jedoch durch § 13 Abs. 2 GmbHG begrenzt. Diese Bestimmung des GmbHG ändert zwar nichts an der unbegrenzten Haftung der GmbH mit ihrem vorhandenen Gesellschaftsvermögen, macht aber deutlich, dass eine persönliche Haftung des A in seiner Eigenschaft als Gesellschafter der A-GmbH nicht besteht.

B hat somit gegen die A-Verwaltungs GmbH einen Anspruch auf Zahlung des Kaufpreises aus §§ 126, 161 Abs. 2 HGB.

3. *Anspruch des B gegen A*

Ein Anspruch des B gegen A könnte sich aus § 433 Abs. 2 BGB i. V. m. § 171 Abs. 1 HGB ergeben

Ob A in seiner Eigenschaft als Kommanditist der A-GmbH & Co. KG persönlich haftet, ergibt sich ausschließlich aus den §§ 171 ff. HGB. Dabei sind hier die Voraussetzungen des § 171 Abs. 1 HGB erfüllt. Diese Haftung ist nach § 172 Abs. 1 HGB regelmäßig auf die in das Handelsregister eingetragene Haftsumme begrenzt. Eine Haftung des A als Komplementär der A-GmbH & Co. KG nach den §§ 126, 161 Abs. 2 HGB besteht dagegen nicht. Dies folgt aus § 13 Abs. 1 GmbHG, wo-

nach ausschließlich die A-Verwaltungs GmbH als juristische Person und nicht etwa auch der GmbH-Gesellschafter A Komplementär der A-GmbH & Co. KG geworden ist.

B hat somit gegen A einen auf die Höhe der in das Handelsregister eingetragenen Haftsumme beschränkten Anspruch auf Zahlung des Kaufpreises aus § 433 Abs. 2 BGB i. V.m. § 171 Abs. 1 HGB.

112 **Vertiefungshinweise**

a) Zur Vor-GmbH als Komplementärin einer GmbH & Co. KG BGH NJW 1981, 1373 ff.
b) Grundlegend zur GmbH & Co. KG siehe Hopt/Roth, HGB, 42. Aufl. München 2023, Anhang nach § 177a Rn. 1 ff.

C. Ansprüche aus dem Handelsrecht

I. Anspruchsübergreifende handelsrechtliche Fragen

1. Vorliegen der Kaufmannseigenschaft (§§ 1–7 HGB)

Da die Anwendung der Normen des HGB voraussetzt, dass zumindest einer der am Geschäft Beteiligten Kaufmann ist, hat der Kaufmannsbegriff für das Handelsrecht eine zentrale Bedeutung. Nach § 1 Abs. 1 HGB ist Kaufmann, „wer ein Handelsgewerbe betreibt". Auch § 2 HGB knüpft bei der Prüfung der Kaufmannseigenschaft neben anderen Voraussetzungen an das Vorliegen eines Handelsgewerbes an. Der Betrieb eines Handelsgewerbes ist somit Grundlage des Kaufmannsbegriffs. 1

2

Übersicht 1

Gewerbebegriff

Der Begriff des Gewerbes hat folgende Voraussetzungen:

1. Auf Dauer angelegte (planmäßige) Tätigkeit
   - Eine Tätigkeit ist auf Dauer angelegt, wenn sie planmäßig erfolgt. Der Wille des Handelnden muss sich von vornherein auf eine Vielzahl von Geschäften als Ganzes richten.
     Beispiel:
     a) Nicht planmäßig handelt, wer seinen Gebrauchtwagen verkaufen will.
     b) Planmäßig handelt (schon beim ersten Geschäft), wer einen Handel mit Gebrauchtwagen errichtet.
2. Selbstständigkeit
   - Durch seine selbstständige Tätigkeit unterscheidet sich der Gewerbetreibende vom Arbeitnehmer, der selbst kein Gewerbe betreibt. Für die Abgrenzung enthält § 84 Abs. 1 S. 2 HGB Kriterien. Obwohl sich diese Kriterien ausdrücklich nur auf die Abgrenzung zwischen den selbstständigen Handelsvertretern nach § 84 HGB und den unselbstständigen Handlungsgehilfen nach § 59 HGB beziehen, können sie auch in anderen Zweifelsfällen herangezogen werden.
3. Gewinnerzielungsabsicht
   - Erforderlich ist die Absicht, aus der Tätigkeit Gewinn, d. h. einen Überschuss der Einnahmen über die Ausgaben, zu erzielen. Ob dieser Gewinn auch tatsächlich realisiert wird, ist unerheblich.
     Beispiel:
     a) Ein Radiohändler, der bisher nur mit Verlust gehandelt hat, hat Gewinnerzielungsabsicht.
     b) Der gemeinnützige Verein „Essen auf Rädern" handelt ohne Gewinnerzielungsabsicht, sofern er seine Mahlzeiten zu Selbstkostenpreisen abgibt.
4. Nicht verbotene (erlaubte) Tätigkeit
   - Gemeint ist hiermit nicht etwa eine öffentlich-rechtliche Erlaubnis. Durch dieses Merkmal sollen lediglich solche geschäftlichen Tätigkeiten ausgeschlossen werden, die gegen ein gesetzliches Verbot oder die guten Sitten verstoßen (§§ 134, 138 BGB).
     Beispiel: Rauschgifthandel, Hehlerei
5. Kein „freier Beruf" (und künstlerische Tätigkeit)
   - Diese Ausnahme ist heute nur noch historisch zu erklären. Ärzte, Zahnärzte, Rechtsanwälte, Wirtschaftsprüfer und Steuerberater üben demnach kein Gewerbe aus. Oft wird dies durch Spezialgesetze ausdrücklich bestimmt. So lautet § 2 BRAO: „Der Rechtsanwalt übt einen freien Beruf aus. Seine Tätigkeit ist kein Gewerbe." Auch ohne spezialgesetzliche Regelung gilt aufgrund der Verkehrsanschauung Entsprechendes für Personen, bei denen die persönliche Leistung und akademische Ausbildung im Vordergrund steht. Dies ist regelmäßig im künstlerischen und wissenschaftlichen Bereich der Fall (z. B. Maler, Schriftsteller, Architekten usw.).

Nach § 1 Abs. 1 HGB ist Kaufmann, wer ein (Handels-)Gewerbe **betreibt.** 3

- Nur derjenige, der das Gewerbe in seinem Namen (selbst) führt, betreibt ein (Handels-)Gewerbe.

Beispiel:

Wenn A sein Lebensmittelgeschäft an B verpachtet und B das Geschäft im eigenen Namen während der Pachtzeit führt, ist B Betreiber des Lebensmittelgeschäftes, nicht A.

- Betreiber des (Handels-)Gewerbes sind bei Handelsgesellschaften zunächst die Gesellschaften selbst, also die OHG (vgl. § 124 HGB), die KG (vgl. § 161 HGB) sowie die juristischen Personen des Kapitalgesellschaftsrechts, insbesondere die AG (vgl. § 3 AktG) und die GmbH (§ 13 Abs. 3 GmbHG). Darüber hinaus sind auch die Gesellschafter der OHG und die persönlich haftenden Gesellschafter der KG Kaufleute, nicht jedoch die Kommanditisten.

4 **Vertiefungshinweise**

Die Literatur verwendet in jüngerer Zeit den Begriff des **Unternehmens**, der dem Geschäftsbetrieb entspricht. Der Kaufmann bzw. der Betreiber des Handelsgewerbes wird dann als **Unternehmensträger** bezeichnet. Ebenso unterliegt der **Begriff des Gewerbes** Wandlungen. Verlangt werden nunmehr lediglich eine (1) planmäßige und auf Dauer angelegte Tätigkeit, weiterhin die (2) Selbstständigkeit sowie die (3) wirtschaftliche Betätigung am Markt (Hopt/Merkt, HGB, 42.Aufl. 2023 § 1 Rn. 15 ff.). Letzteres Merkmal steht anstelle der Gewinnerzielungsabsicht und ermöglicht somit auch die Erfassung öffentlich-rechtlicher und Non-Profit-Unternehmen, sofern in gewissem Umfang eine geschäftliche Betätigung erfolgt. Verzichtet wird teilweise auch auf die Abgrenzung zu den freien Berufen, schließlich auch auf den Hinweis auf die zulässige (nicht verbotene) Betätigung. Die Abgrenzung zum freien Beruf (künstlerische Tätigkeit) ist allerdings gerechtfertigt, wie dem Beispiel in Rn. 6 zu entnehmen.

a) Möglichkeiten der Begründung der Kaufmannseigenschaft

5 Nicht jedes Gewerbe ist ein **Handelsgewerbe.** Wann ein Gewerbe Handelsgewerbe ist, ist in den §§ 1 ff. HGB geregelt. Derjenige, der ein solches Gewerbe betreibt, ist nach § 1 Abs. 1 HGB Kaufmann.

Übersicht 2

Kaufmannseigenschaft

1. Istkaufmann (§ 1 HGB)
   - Nach dem neuen § 1 Abs. 2 HGB wird jede Tätigkeit als Handelsgewerbe angesehen, „es sei denn, dass das Unternehmen nach Art oder Umfang einen in kaufmännischer Weise eingerichteten Geschäftsbetrieb nicht erfordert".
   - Zu beachten ist, dass sich das Erfordernis eines kaufmännisch eingerichteten Geschäftsbetriebes aus „Art" und „Umfang" des Unternehmens ergeben muss.
   - Hinsichtlich des Umfanges existieren bei den Industrie- und Handelskammern Richtwerte im Hinblick auf den Umsatz oder die Gewerbesteuerhöhe, die sich im Laufe der Zeit ändern.
   - Bezüglich der Art ist in erster Linie auf die Kompliziertheit der abzuwickelnden Geschäfte abzustellen. Unter Berücksichtigung des Gesamtbildes des Unternehmens sprechen dabei für die Notwendigkeit einer kaufmännischen Organisation u. a. die Vielfalt und Verschiedenheit der Geschäftsbeziehungen und Geschäftsvorfälle, die Inanspruchnahme und Gewährung von Kredit, die Beteiligung am Wechselverkehr und eine große Zahl von Mitarbeitern.
   - Die Eintragung des Istkaufmanns hat lediglich deklaratorischen Charakter, gleichwohl besteht Eintragungspflicht (§ 29 HGB). Nach § 95 Abs. 1 GVG ist die Zuständigkeit der Kammer für Handelssachen von der Eintragung des Kaufmanns abhängig.
2. Kannkaufmann eigener Art (§ 2 HGB)
   - Auch wenn die Voraussetzungen des § 1 Abs. 2 HGB nicht vorliegen, gilt ein gewerbliches Unternehmen dann als Handelsgewerbe, wenn die Firma des Unternehmens in das Handelsregister eingetragen ist. Dabei besteht keine Eintragungspflicht. Die Eintragung ist konstitutiv (rechtsbegründend).
   - Nach § 2 HGB erhalten die Kleingewerbetreibenden die Möglichkeit, durch Eintragung des Unternehmens in das Handelsregister in jeder Hinsicht dem Handelsrecht zu unterliegen. Durch Einleitung eines Löschungsverfahrens kann diese Entscheidung ex nunc wieder rückgängig gemacht werden.
3. Kannkaufmann, Land- und Forstwirtschaft (§ 3 HGB)
   - Nach § 3 HGB kann ein land- oder forstwirtschaftlicher Unternehmer sein Unternehmen in das Handelsregister eintragen lassen, wenn es kaufmännische Einrichtungen im Sinne des § 1 Abs. 2 HGB erfordert. Verpflichtet ist er hierzu, ebenso wie die Kleingewerbetreibenden nach § 2 HGB, nicht.

- Die Regelungen gelten auch für land- oder forstwirtschaftliche Nebengewerbe.
- Landwirt ist der, der seinen eigenen oder von ihm gepachteten Boden ausnutzt, um Pflanzen und Tiere zu züchten und zu verwerten. Forstwirt ist, wer Waldprodukte, insbesondere Holz, durch Auf- und Abforstung gewinnt.

4. Formkaufmann (§ 6 HGB)
   - Als Personenhandelsgesellschaften sind OHG und KG entweder Ist- oder Kannkaufleute (§ 6 Abs. 1 HGB).
   - Kapitalgesellschaften, wie AG oder GmbH, aber auch eingetragene Genossenschaften, sind ohne Rücksicht auf den Gegenstand des Unternehmens stets Kaufleute (§ 6 Abs. 2 HGB).
5. Kaufleute kraft Eintragung (§ 5 HGB)
   - § 5 HGB stellt im Interesse der Rechtssicherheit die unwiderlegliche Vermutung auf, dass der im Handelsregister eingetragene Gewerbetreibende Kaufmann ist. Dies gilt selbst dann, wenn er in Wirklichkeit Nichtkaufmann sein sollte. Allerdings gilt § 5 HGB nur dann, wenn sich eine Partei im Zivilprozess ausdrücklich oder zumindest konkludent auf die Eintragung beruft.

Beispiel: 6

Dem Musiker (Künstler) M gelingt es unerklärlicherweise, in das Handelsregister eingetragen zu werden. Als ein Freund des M ein Darlehen bei der G-Bank aufnimmt, gibt M gegenüber der Bank eine mündliche Bürgschaftserklärung ab. Ist die Erklärung wirksam?

Nach § 766 Satz 1 BGB bedarf die Bürgschaftserklärung grundsätzlich der Schriftform. Etwas anderes gilt gem. § 350 HGB nur dann, wenn die Erklärung von einem Kaufmann im Betrieb seines Handelsgewerbes abgegeben wird. Als Künstler ist M Freiberufler. Er betreibt somit kein Gewerbe im Sinne der §§ 1 ff. HGB.

M könnte jedoch Kaufmann kraft Eintragung gem. § 5 HGB sein. Nach seinem eindeutigen Wortlaut greift § 5 HGB nur ein, wenn unter einer im Handelsregister eingetragenen Firma ein Gewerbe betrieben wird. Da M als Freiberufler kein Gewerbe betreibt, sind die Voraussetzungen des § 5 HGB nicht erfüllt. M ist nicht Kaufmann kraft Eintragung im Sinne des § 5 HGB.

Da M kein Kaufmann ist, ist die Bürgschaftserklärung unwirksam.

b) Kaufmann aufgrund Rechtsscheins (Rechtsscheinhaftung)

Auch ohne in das Handelsregister eingetragen zu sein, kann jemand gegenüber anderen Personen als Kaufmann auftreten. 7

Übersicht 3 8

Scheinkaufmann

Damit die Lehre von der Rechtsscheinhaftung eingreift, müssen folgende Voraussetzungen erfüllt sein:

1. Es muss zurechenbar der Rechtsschein gesetzt worden sein, der Betroffene sei Kaufmann (ein Verschulden ist nicht erforderlich).
2. Der Rechtsschein muss für das Verhalten des Vertragspartners ursächlich geworden sein (Kausalität wird im Interesse des Verkehrsschutzes „typisiert", was grds. zur Umkehr der Beweislast führt).
3. Derjenige, der sich auf den Rechtsschein beruft, muss gutgläubig sein.

Der vom Handelnden gesetzte Rechtsschein wirkt nur für, nicht etwa auch gegen gutgläubige Dritte.

Vertiefungshinweise 9

Im Rahmen der Lehre von der Rechtsscheinhaftung (vgl. Hopt/Merkt, HGB, § 5 Rn. 9 ff.) führt der zurechenbar gesetzte Anschein zu einer besonderen Vertrauenshaftung. Danach gilt: Wer im Rechtsverkehr gegenüber gutgläubigen Dritten als Kaufmann auftritt, muss sich so behandeln lassen, als ob er Kaufmann wäre.

Fall 1 (ca. 1 Stunde)

K ist Betreiber eines kleinen Kiosks und nicht im Handelsregister eingetragen. Er verbürgt sich selbstschuldnerisch und in elektronischer Form für eine Darlehensverbindlichkeit seines Geschäftspartners P bei der G-Bank. Dabei verwendet er die Kennzeichnung als „Firma K e.K". Als ihn die Bank gem. § 765 Abs. 1 i.V.m. § 488 Abs. 1 BGB auf Zahlung der Hauptschuld (Darlehensrückzahlungsanspruch) in Anspruch nimmt, erwidert K, dass die Bürgschaftsbestellung unwirksam sei, da er als Kleingewerbetreibender und 10

insbesondere wegen der fehlenden Eintragung im Handelsregister kein Kaufmann sei. G-Bank hält dem entgegen, dass sie gutgläubig von der Eigenschaft als Kaufmann durch die Benutzung der Firma in der elektronischen Erklärung ausgegangen sei und sich auch nur deshalb auf das Bürgschaftsgeschäft eingelassen habe.
Ist K zur Rückzahlung des dem P gewährten Darlehens verpflichtet?

Lösung:

Ein Anspruch der G-Bank auf Rückzahlung des Darlehens könnte sich aus § 765 Abs. 1 i. V.m. § 488 Abs. 1 BGB ergeben. Dies setzt voraus, dass zwischen K und der G-Bank ein wirksamer Bürgschaftsvertrag geschlossen worden ist. Gem. § 125 BGB wäre die Bürgschaftserklärung des K nichtig, wenn dafür die Schriftform nach § 766 Satz 1 BGB erforderlich wäre. Die Erteilung der Bürgschaftserklärung in elektronischer Form ist für den Nichtkaufmann ausgeschlossen (§ 766 Satz 2 BGB). Die Einhaltung der Schriftform ist aber dann nicht notwendig, wenn K Kaufmann und die Bürgschaft für ihn ein Handelsgeschäft ist (§ 350 HGB). K benötigt allerdings wegen seines geringen Umfanges der geschäftlichen Betätigung und der Einfachheit der Geschäftsabläufe weder nach Art noch nach Umfang einen in kaufmännischer Weise eingerichteten Geschäftsbetrieb (§ 1 Abs. 2 HGB). Somit kommt die Eigenschaft als Istkaufmann nicht infrage. Wegen fehlender Eintragung ist er auch kein Kannkaufmann (eigener Art).

Gleichwohl muss K sich als Kaufmann nach den Grundsätzen der Rechtsscheinhaftung behandeln lassen, wenn er einen zurechenbaren Rechtsschein gegenüber der G-Bank gesetzt hat, er sei Kaufmann. Dies ist hier zu bejahen, da K in dem elektronischen Schriftverkehr eine Firma benutzte, die sogar auf eine Eintragung hinweist („e.K"). Da sich K für die Verbindlichkeiten seines Geschäftspartners verbürgte, dieses Geschäft somit als Handelsgeschäft anzusehen wäre (§§ 343, 344 HGB), führte dieser Rechtsschein auch dazu, dass die G-Bank auf das Bürgschaftsgeschäft eingegangen ist. Zudem war sie auch gutgläubig, sodass K sich wie ein Kaufmann behandeln lassen muss.

Somit liegen die Voraussetzungen des § 350 HGB vor. Das Schriftformerfordernis des § 766 Satz 1 BGB besteht hier nicht.

Die G-Bank hat somit gegen K einen Anspruch auf Zahlung der Hauptschuld (Darlehensrückzahlung).

2. Die ordnungsgemäße Bildung einer Handelsfirma (§§ 17–37 a HGB)

a) Firma als Kennzeichnung eines Geschäftsbetriebs

11 Die Firma ist der Handelsname des Kaufmannes (§ 17 HGB).
Sie ist kein Rechtssubjekt, also nicht in der Lage, selbst Träger von Rechten und Pflichten zu sein. Dies ist nur der Kaufmann selbst.

b) Übereinstimmung mit den Firmengrundsätzen

12 §§ 18 ff. HGB enthalten zwingende Regelungen darüber, wie die Firma zu lauten hat. Insbesondere gelten folgende Grundsätze:

Übersicht 4

Firmengrundsätze

1. Firmenwahrheit, §§ 18, 19 HGB
   - Die Firma des Einzelkaufmanns muss zur Kennzeichnung geeignet sein, insbesondere Kennzeichnungskraft und Unterscheidungskraft besitzen (häufig als Synonyme verwendet, etwa BGHZ 130, 144).
   - Die Firma bei Einzelkaufleuten und Personenhandelsgesellschaften (OHG §§ 105 ff. HGB und KG §§ 161 ff. HGB) hat die Bezeichnung „eingetragener Kaufmann", „eingetragene Kauffrau" bzw. „offene Handelsgesellschaft" und „Kommanditgesellschaft" zu führen. Zulässig sind jeweils allgemein verständliche Abkürzungen, wie etwa „e.K.", „e. Kfm.", „e. Kfr.". Entsprechende Rechtsformzusätze sind für die Personenhandelsgesellschaften vorgeschrieben, auch hier sind die üblichen Abkürzungen, wie etwa OHG und KG, zulässig (§ 19 HGB).

- Fügt der Kaufmann seiner Firma Zusätze hinzu, so müssen sie wahr sein. Sie dürfen die Öffentlichkeit nicht irreführen (§ 18 Abs. 2 HGB).
- Dieser Grundsatz gilt, obwohl in § 18 HGB geregelt, sowohl für die Firma des Einzelkaufmannes als auch für die Firma der Personenhandelsgesellschaften.
  Beispiel: Die Max Müller OHG betreibt einen auf Jena beschränkten Handel mit Gebrauchtwagen. Sie darf daher in der Öffentlichkeit z. B. nicht unter der Bezeichnung Europäisches Gebrauchtwagenzentrum Jena Max Müller OHG auftreten.
- Zur Firma der AG und GmbH vgl. §§ 4 des AktG und GmbHG.

2. Firmenbeständigkeit, §§ 21, 22, 24 HGB
   - Der Grundsatz der Firmenwahrheit würde es gebieten, bei jedem Inhaberwechsel auch die Firma zu ändern. Dies wäre nicht sachgerecht, da die Firma einen erheblichen Vermögenswert darstellt, der dem Geschäftsinhaber bei der Veräußerung erhalten bleiben soll. Aus diesem Grund wird der Grundsatz der Firmenwahrheit in einigen Fällen durch den Grundsatz der Firmenbeständigkeit durchbrochen. Nach diesem Grundsatz darf die Firma bestehen bleiben, obwohl sie unrichtig geworden ist. Der Grundsatz der Firmenbeständigkeit greift ein
     - bei einer Namensänderung des Geschäftsinhabers (§ 21 HGB),
     - bei einem Wechsel des Inhabers (§§ 22, 24 HGB).
3. Firmenausschließlichkeit, § 30 HGB
   - Der Grundsatz der Firmenausschließlichkeit besagt, dass sich die Firmen eines Ortes bzw. einer Gemeinde voneinander unterscheiden müssen. Dadurch soll eine Verwechslung ausgeschlossen werden (§ 30 HGB).
   - Die geforderte Unterscheidbarkeit ist dann gegeben, wenn keine Verwechslung hervorgerufen werden kann.
     Beispiel: Max Müller betreibt in Jena eine Firma mit Gebrauchtwagen. Will sein Namensvetter Max Müller ein Bekleidungsgeschäft eröffnen, so hat er diesem einen Zusatz wie „Bekleidung Max Müller" oder Ähnliches zuzufügen.
4. Firmenöffentlichkeit, § 29 HGB
   - Der Grundsatz der Firmenöffentlichkeit besagt, dass jeder Kaufmann verpflichtet ist, seine Firma zur Eintragung in das zuständige Handelsregister anzumelden (§ 29 HGB).
   - Da die Firma der Handelsname des Kaufmanns ist, wird sie zunächst nach den allgemeinen zivilrechtlichen Vorschriften über das Namens- und Markenrecht geschützt (§§ 12 i. V. m. 823 Abs. 1, 1004 BGB, § 5 MarkG). Daneben gibt es nach § 37 HGB einen spezifisch handelsrechtlichen Schutz der Firma. Hierbei sind zu unterscheiden:
   - Da durch die unbefugte Verwendung einer Firma nicht nur private, sondern auch öffentliche Interessen verletzt werden (vgl. §§ 18 ff. HGB), hat das Registergericht auf öffentlich-rechtlicher Grundlage gegen den unbefugten Gebrauch einer Firma einzuschreiten (§ 37 Abs. 1 HGB).
   - Da der Inhaber durch den unbefugten Gebrauch seiner Firma in seinen Rechten verletzt werden kann, hat er gegen denjenigen, der die Firma unbefugt gebraucht, einen Unterlassungsanspruch (§ 37 Abs. 2 HGB).
   - § 37 a HGB regelt die notwendigen Angaben auf Geschäftsbriefen und Bestellscheinen, die jeweils an bestimmte Empfänger gerichtet sein müssen.
5. Firmeneinheit
   - Der Grundsatz der Firmeneinheit bringt zum Ausdruck, dass der Kaufmann in ein und demselben Handelsgeschäft nur eine Firma haben darf.
   - In mehreren (auch räumlich vereinigten, aber organisatorisch getrennten) Handelsgeschäften darf der Kaufmann allerdings verschiedene Firmen führen.
   - Auch hinsichtlich unterschiedlicher Niederlassungen darf es Firmenzusätze geben (Hopt/Merkt, HGB, § 19 Rn. 7 f.).

Vertiefungshinweise 13

Nach den Neuregelungen zum Firmenrecht im Jahr 1998 können auch Fantasie- oder sogenannte Etablissementbezeichnungen Verwendung finden, wie etwa „Fix und Fertig Reinigungsdienst" oder „Musik Aktiv". Diese Begriffe sind dem Schutz der geschäftlichen Bezeichnungen in §§ 5 und 15 MarkG entlehnt (dazu Enders, Beratung im Urheber- und Medienrecht, 5. Aufl. Bonn, 2022, § 1 Rn. 58 ff.). Verlangt wird eine Individualisierung in der Weise, dass eine Firma für sich genommen eine Eigenart aufweist, die eine Unterscheidbarkeit (Unterscheidungsfunktion) und einen Hinweis auf das Unternehmen ermöglicht (Herkunftsfunktion) (vgl. BGHZ 130, 134,144). Grenze der Firmenbezeichnung ist das Verbot der Irreführung und der Verwechslungsgefahr. Weiterer Kennzeichnungsschutz folgt zunächst aus § 12 BGB, der einen Unterlassungsanspruch vor unbefugtem Namensgebrauch gibt. Daneben gibt es noch Schutzansprüche aus § 823 i. V. m. § 1004 BGB (insbesondere zum Integritätsschutz durch das „Recht am eingerichteten und ausgeübten Gewerbebetrieb" vgl. K. Schmidt, Unternehmensrecht I, 6. Aufl. Köln u. a. 2014, § 6 V 1 Rn. 63 ff.).

3. Das Handelsregister und die Fiktion handelsrechtlicher Tatsachen (§§ 8–16 HGB)

14 Das Handelsregister ist ein öffentliches Verzeichnis bestimmter Tatsachen, die im Handelsverkehr rechtserheblich sind. Es wird von den Amtsgerichten elektronisch geführt (§ 8 Abs. 1 HGB). Seit der Handelsregisterreform im Jahre 2006 erfolgen Einreichung, Speicherung, Bekanntmachung und Abruf grds. nur noch elektronisch. Ein zentrales **Unternehmensregister** (www.unternehmensregister.de) eröffnet den elektronischen Zugriff auf alle Handelsregisterdaten und viele sonstige Unternehmensdaten (Hopt, HGB, § 8 Rn. 2 a sowie § 8 b Rn. 1 ff.).

Das Handelsregister besteht aus zwei Abteilungen:

1. HRA = Handelsregister Abteilung A
   - Einzelhandelskaufleute, Personenhandelsgesellschaften (OHG, KG) und Unternehmen öffentlicher Körperschaften
2. HRB = Handelsregister Abteilung B
   - Kapitalgesellschaften (AG, GmbH) und Versicherungsvereine auf Gegenseitigkeit. Nicht im Handelsregister, sondern im Genossenschaftsregister werden die eingetragenen Genossenschaften geführt.

Das Handelsregister soll die für den Handelsverkehr wichtigen Rechtsverhältnisse der Kaufleute offenbaren. Damit es diese Funktion erfüllen kann, hat jedermann ein Recht auf Einsicht in das Handelsregister (§ 9 Abs. 1 HGB).

Darüber hinaus sind Eintragungen in das Handelsregister bekannt zu machen (§ 10 HGB). Die Anmeldung von Zweigniederlassungen von Unternehmen mit Sitz im Inland ist in § 13 HGB, die Anmeldung von Unternehmen mit Sitz oder Hauptniederlassung im Ausland ist in §§ 13 d–13 h HGB geregelt. §§ 13 e und 13 g HGB sind seit der Centros-Rechtsprechung des EuGH NJW 2002, 3614 besonders bedeutsam für die in Deutschland tätige englische Private Limited Company (plc), die einer deutschen GmbH gleichgestellt ist (Hopt, HGB, § 13 e Rn. 1).

Grundsätzlich wird eine Tatsache nur eingetragen, wenn der Kaufmann einen entsprechenden Antrag stellt. Die Verpflichtung zur Anmeldung kann vom Registergericht mittels Zwangsgeldes durchgesetzt werden (§ 14 HGB). Dem Registerzwang unterliegt die Pflicht zur Anmeldung und zur Einreichung von Dokumenten zum Handelsregister. Die Pflicht zur Zeichnung der Unterschrift ist mit der Handelsregisterreform 2006 entfallen.

15 **Übersicht 5**

Handelsregistereintragungen

1. Einzutragende Tatsachen
   - Von einer einzutragenden Tatsache – nur bei dieser besteht eine Pflicht zur Anmeldung gemäß § 14 HGB – spricht man, wenn der Kaufmann gesetzlich verpflichtet ist, eine Tatsache zur Eintragung anzumelden.
     Beispiele: Eintragung als Istkaufmann (§ 1 Abs. 2 HGB), Firma (§ 29 HGB), Prokura (§ 53 Abs. 1, Abs. 3 HGB)
2. Eintragungsfähige Tatsachen
   - Bloß eintragungsfähig ist eine Tatsache, die in das Handelsregister eingetragen werden kann, ohne dass eine Verpflichtung zur Anmeldung besteht. Hier steht es dem Kaufmann frei, ob er die Tatsache eintragen lassen will.
     Beispiel: Haftungsausschlüsse nach §§ 25 Abs. 2, 28 Abs. 2 HGB
3. Nicht eintragungspflichtige und eintragungsfähige Tatsachen
   - Tatsachen, die vom HGB weder als eintragungspflichtig noch als eintragungsfähig bezeichnet werden, können nicht in das Handelsregister eingetragen werden (z. B. die Eigenschaft als Kleingewerbetreibender).

a) Die negative Publizität (§ 15 Abs. 1 HGB)

Negative Publizität bedeutet, dass ein gutgläubiger Dritter darauf vertrauen darf, dass eine Veränderung nicht eingetreten ist, wenn sie nicht in das Handelsregister eingetragen worden ist (§ 15 Abs. 1 HGB). 16

Der Grundsatz der negativen Publizität wird wie folgt formuliert:
„Man darf nur dem Schweigen des Handelsregisters, nicht aber seinem Reden vertrauen."

Übersicht 6 17

Voraussetzungen und Rechtsfolgen der negativen Publizität

Voraussetzungen des § 15 Abs. 1 HGB sind:
1. Einzutragende Tatsache (einzutragen sind eintragungspflichtige Tatsachen)
2. Tatsache darf nicht eingetragen, jedenfalls nicht bekannt gemacht worden sein
3. Dritter muss gutgläubig die Rechtshandlung vornehmen.
   Liegen die Voraussetzungen des § 15 Abs. 1 HGB vor, so kann als Rechtsfolge
   - derjenige, der die Tatsache eintragen lassen musste, sich nicht auf die tatsächliche Rechtslage berufen und
   - der Dritte sich nach seiner Wahl entweder auf die Rechtslage berufen, die sich aus dem Schweigen des Handelsregisters ergibt, oder auf die tatsächliche Rechtslage.

Beispiel: 18

Kaufmann K hat seinem Prokuristen P die erteilte und im Handelsregister eingetragene Prokura entzogen, ohne dies ins Handelsregister einzutragen. Kaufmann K kann sich gegenüber dem gutgläubigen Dritten D, der mit dem als Prokurist des K handelnden P einen Kaufvertrag geschlossen hat, nicht darauf berufen, P sei nicht mehr sein Prokurist gewesen. Dagegen hat D die Wahl, ob er sich auf die tatsächliche Rechtslage berufen will (z. B. wenn der Kaufvertrag für ihn ungünstig ist) oder ob er sich auf die Rechtslage berufen will, die sich aus dem Schweigen des Handelsregisters ergibt („Rosinentheorie"; K. Schmidt, Unternehmensrecht I, § 14 II 4 Rn. 49 ff. spricht von der „Meistbegünstigung").

Vertiefungshinweise 19

Das Vertrauen auf das Schweigen des Handelsregisters ist nur dann nicht mehr gegeben, wenn der Dritte positive Kenntnis hatte, dagegen genügt ein Kennenmüssen (einfache und grobe Fahrlässigkeit) nicht, weil der Dritte nicht zu Nachforschungen verpflichtet ist. Der, „in dessen Angelegenheiten die Tatsache einzutragen war", ist derjenige, der durch sie irgendwie entlastet wird. Nur dieser kann sie ohne Eintragung und Bekanntmachung Dritten nicht entgegenhalten (Hopt/Merkt, HGB, § 15 Rn. 6 ff.).

b) Die positive Publizität (§ 15 Abs. 2 HGB)

Ist eine Tatsache (richtig) eingetragen und bekannt gemacht worden, muss ein Dritter sie gegen sich gelten lassen (§ 15 Abs. 2 Satz 1 HGB). 20

Insofern enthält § 15 Abs. 2 HGB nur eine Selbstverständlichkeit. Die eigentliche Bedeutung dieses Absatzes liegt in Satz 2.

Danach darf ein Dritter, obwohl die Tatsache richtig eingetragen und bekannt gemacht worden ist, sich innerhalb von 15 Tagen nach der Bekanntmachung auf die alte Rechtslage berufen. Dies setzt allerdings voraus, dass er beweist, dass er die Tatsache weder kannte noch infolge Fahrlässigkeit (§ 276 BGB) nicht kannte. Da ihm hier schon leichteste Fahrlässigkeit schadet und zudem von jedermann erwartet wird, dass er die Veröffentlichung des Registergerichts kennt, ist der Beweis in der Praxis nur schwierig zu führen.

c) Die Bekanntmachung eines nicht bestehenden Umstandes (§ 15 Abs. 3 HGB)

Da die Regelung des § 15 Abs. 1 HGB zu eng ist, wurde im Jahre 1969 § 15 Abs. 3 in das HGB eingefügt. Danach kann sich ein gutgläubiger Dritter unter Umständen auf eine unrichtig bekannt gemachte Eintragung berufen (positive Publizität). 21

22 **Übersicht 7**

Unrichtige Bekanntmachung

Voraussetzungen des § 15 Abs. 3 HGB sind:

1. Einzutragende Tatsache
   - Gemeint sind damit eintragungspflichtige Tatsachen. Es genügt, dass es sich um Tatsachen handelt, die, wenn sie tatsächlich gegeben wären, eintragungspflichtig wären.
2. Unrichtige Bekanntmachung
   - Die Bekanntmachung ist unrichtig, wenn sie nicht mit der tatsächlichen Sachlage übereinstimmt. Dabei kommt es nur auf die Unrichtigkeit der Bekanntmachung an. Ob daneben auch die Eintragung in das Handelsregister selbst richtig oder falsch ist, ist ohne Belang.
3. Gutgläubiger Dritter
   - Dritter ist jeder Außenstehende. Dieser ist gutgläubig, wenn ihm die Unrichtigkeit der Bekanntmachung nicht (positiv) bekannt ist.
   - Als Rechtsfolge kann sich der Dritte nach § 15 Abs. 3 HGB auf die falsch bekannt gemachte Tatsache gegenüber demjenigen berufen, in dessen Angelegenheit sie einzutragen war. Die Tatsache ist nur „in dessen Angelegenheit" einzutragen, der sie durch einen Antrag, sei er richtig oder falsch, veranlasst hat oder der schuldhaft die Berichtigung einer falschen Bekanntmachung unterlassen hat.
   - Ebenso wie bei § 15 Abs. 1 HGB steht es dem Dritten frei, ob er sich auf die unrichtige Bekanntmachung oder auf die tatsächliche Rechtslage berufen will.

23 **Beispiel:**

Anstelle des eigentlich vorgesehenen B wird C versehentlich als Gesellschafter der A, B OHG im Handelsregister bekannt gemacht. Wäre C tatsächlich Gesellschafter dieser Personenhandelsgesellschaft, so hätte es sich um eine eintragungspflichtige Tatsache gehandelt, die nunmehr unrichtig publiziert wurde. Sind den Geschäftspartnern die tatsächlichen Umstände nicht bekannt, so kann nunmehr (auch) C für durch die A, B OHG begründeten Verbindlichkeiten diesen gegenüber in Anspruch genommen werden.

Fall 2 (ca. 2 Stunden)

24 Kaufmann K bestellt am 2.1. den P zu seinem Prokuristen. K unterlässt es versehentlich, die Erteilung der Prokura zum Handelsregister anzumelden. Gleichwohl tätigt P mehrere Geschäfte als Prokurist, unter anderem auch mit L. Weil P in der Folgezeit wiederholt unvorteilhafte Geschäfte abschließt, entzieht K ihm die Prokura am 24.2. wieder, ohne dies dem L mitzuteilen. Auch hier unterbleibt die Anmeldung dieser Tatsache zum Handelsregister und somit auch deren Eintragung und Bekanntmachung. P kauft am 28.2. von dem Lieferanten L, der von dem Widerruf der Prokura nicht wusste, für die Firma des K Waren zum Preis von 5.000 €. L verlangt von K Zahlung.

Zu Recht?

Lösung:

Ein Anspruch des L gegen den K auf Zahlung von 5.000 € könnte sich aus §§ 433 Abs. 2 BGB, 49 Abs. 1 HGB ergeben.

Dann müsste zwischen L und K ein Kaufvertrag zustande gekommen sein. Nach dem Sachverhalt sind die auf einen Kaufvertrag gerichteten Willenserklärungen von L und von P abgegeben worden. Also hat K nicht selbst gehandelt. Er könnte aber durch P wirksam vertreten worden sein. Das setzt gem. § 164 Abs. 1 BGB voraus, dass P eine eigene Willenserklärung im Namen des K innerhalb der ihm zustehenden Vertretungsmacht abgegeben hat.

P hat eine eigene Willenserklärung abgegeben, denn die Entscheidung über das „Ob" und „Wie" des Kaufvertrages lag bei ihm. Laut Sachverhalt hat P die Waren für die Firma des K gekauft. Damit hat er auch im Namen des K gehandelt, denn gem. § 17 Abs. 1 HGB ist die Firma eines Kaufmanns der Name, unter dem er im Handel seine Geschäfte betreibt.

P müsste außerdem innerhalb der ihm zustehenden Vertretungsmacht gehandelt haben. Vertretungsmacht des P könnte sich hier aus § 49 Abs. 1 HGB ergeben. Dann müsste P zum Zeitpunkt des Vertragsschlusses Prokurist des K gewesen sein. Dem P wurde am 2.1. Prokura erteilt, am 24.2. aber wieder entzogen. Der Kaufvertrag wurde am 28.2. geschlossen. Also war P zum Zeitpunkt des

Kaufs nicht Prokurist des K. Ihm stand keine Vertretungsmacht zum Abschluss des Kaufvertrages zu.

Möglich wäre aber, dass K dem L die Entziehung der Prokura nicht entgegenhalten kann. Das könnte sich aus § 15 Abs. 1 HGB ergeben. Dann müsste es sich bei der Entziehung der Prokura um eine einzutragende Tatsache i. S. d. § 15 Abs. 1 HGB handeln. Gem. § 53 Abs. 1 und 3 HGB ist die Erteilung der Prokura wie auch deren Erlöschen vom Inhaber des Handelsgeschäftes zur Eintragung in das Handelsregister anzumelden. Also sind sowohl die Erteilung als auch der Widerruf der Prokura einzutragende Tatsachen.

Fraglich ist allerdings, ob sich K im vorliegenden Falle, bei dem selbst die Eintragung der Prokura nicht erfolgt war und somit das Handelsregister die wirkliche Lage wiedergibt, auf den Inhalt des Handelsregisters berufen kann. Dann aber könnte K dem L die fehlende Vertretungsmacht entgegenhalten. Eine solche Annahme würde dem Prinzip der negativen Publizität widersprechen. Danach vertraut der gutgläubige Dritte nicht auf die Übereinstimmung der Tatsachen mit der Eintragung im Handelsregister, sondern alleine darauf, dass sich gegenüber der dem L bekannten Situation nichts geändert hat. Die negative Publizität schützt also das Vertrauen in den Fortbestand der Prokura (dazu K. Schmidt, Unternehmensrecht I, § 14 III 2. b Rn. 30).

Die Tatsache des Erlöschens der Prokura müsste in Angelegenheiten des K einzutragen gewesen sein. Derjenige, in dessen Angelegenheiten eine Tatsache einzutragen ist, ist der, der die Anmeldung zum Handelsregister vorzunehmen hat. Das ist gem. § 53 Abs. 3 HGB hier der K. Also war die Tatsache in Angelegenheiten des K einzutragen. Die Tatsache dürfte nicht eingetragen bzw. bekannt gemacht worden sein. Dies ist nach dem Sachverhalt der Fall.

Damit kann sich K auf das Erlöschen der Prokura des P nicht berufen, es sei denn, das Erlöschen wäre dem L bekannt gewesen, was vorliegend nicht der Fall ist. Also muss sich der K dem L gegenüber so behandeln lassen, als hätte zum Zeitpunkt des Kaufvertragsabschlusses die Prokura des P noch bestanden. Dann hätte P gem. § 49 Abs. 1 HGB Vertretungsmacht zum Abschluss des Geschäfts gehabt.

Also kann L von K gem. § 433 Abs. 2 BGB, 49 Abs. 1 HGB Zahlung des Kaufpreises von 5.000 € verlangen.

Beachte: 25

§ 15 Abs. 1 HGB setzt keine Voreintragung voraus, d. h., auch wenn eine eintragungspflichtige Tatsache wie die Prokura nicht vorgenommen wurde, muss gleichwohl zunächst deren Eintragung, sodann auch die Löschung erfolgen.

II. Ansprüche aufgrund des Wechsels des Inhabers eines Handelsgeschäfts

Die Firma ist lediglich der Handelsname des Kaufmannes. Träger der Rechte und Pflichten aus dem Betrieb eines einzelkaufmännischen Unternehmens ist und bleibt alleine der Kaufmann. 26

Der Kaufmann ist befugt, sein Handelsunternehmen zu veräußern. Dabei kann die Übertragung des Handelsgeschäftes auf den Erwerber sowohl mit als auch ohne Firma erfolgen.

Gem. § 23 HGB kann eine Übertragung der Firma nur zusammen mit dem Handelsgeschäft erfolgen. Ein Handelsgeschäft kann aber in Ermangelung eines entsprechenden Verbotes auch ohne Firma übertragen werden.

Da der Handelsverkehr davon ausgeht, dass Gläubiger der Geschäftsverbindlichkeiten grundsätzlich „das Unternehmen als solches“ ist, gibt es eine Reihe handelsrechtlicher Vorschriften, die bestimmen, dass unter gewissen Voraussetzungen auch der Erwerber des Handelsgeschäftes für die Schulden haftet. Dies sind im Wesentlichen folgende Fälle:

- Inhaberwechsel kraft Rechtsgeschäfts (§ 25 Abs. 1 Satz 1, Abs. 2 HGB)
- Inhaberwechsel durch Erbfolge (§ 27 Abs. 1 HGB)
- Eintritt in das Geschäft eines Einzelkaufmanns (§ 28 Abs. 1, 2 HGB)

Entsprechend den Regelungen des Gesetzes zur Haftung für die Verbindlichkeiten ist auch die Möglichkeit des Schuldners geregelt, seine Verbindlichkeiten gegenüber einem neuen Inhaber des Handelsgeschäftes zu begleichen (§§ 25 Abs. 1 Satz 2 und 28 Abs. 1 Satz 2 HGB).

1. Haftung des Erwerbers aufgrund Firmenfortführung (§ 25 Abs. 1 HGB)

27 Die Haftung aufgrund Firmenfortführung ist gemäß § 25 Abs. 1 HGB an folgende Voraussetzungen geknüpft:

Übersicht 8

Haftung des Erwerbers aufgrund Firmenfortführung

1. Erwerb eines kaufmännischen Handelsgeschäftes unter Lebenden
   - bei Kleingewerbetreibenden nur, wenn im HR eingetragen; § 2 HGB
   - Erwerbsart unerheblich, auch vorübergehender Erwerb (Pacht usw.)
2. Fortführung der bisherigen Firma
3. Kein unverzüglicher Haftungsausschluss nach § 25 Abs. 2 HGB
   - Der Haftungsausschluss muss durch Eintragung im Handelsregister und Bekanntmachung erfolgen oder
   - von dem Erwerber oder dem Veräußerer dem Dritten mitgeteilt worden sein.
4. Übergang der Forderungen auf den Erwerber gem. § 25 Abs. 1 S. 2 HGB
   - Forderungen, die nicht ausdrücklich auf den Erwerber übertragen wurden, gelten als übergegangen, sofern der bisherige Inhaber in die Firmenfortführung eingewilligt hat, was auch konkludent geschehen kann.
   - Es darf kein Haftungsausschluss nach § 25 Abs. 2 HGB vorliegen.

28 Sofern die Voraussetzungen des § 25 HGB erfüllt sind, tritt die Haftung des Erwerbs neben diejenige des bisherigen Inhabers (Schuldbeitritt).
Zugunsten des bisherigen Inhabers gilt nach § 26 HGB eine besondere Verjährungsfrist von fünf Jahren, im Falle des § 25 Abs. 1 HGB mit dem Ende des Tages, an dem der neue Inhaber der Firma in das Handelsregister eingetragen wird.
Wenn die Firma nicht fortgeführt wird, ist eine Haftung des Erwerbers nur möglich, wenn ein besonderer Verpflichtungsgrund vorliegt, insbesondere wenn die Übernahme der Verbindlichkeiten in handelsüblicher Weise von dem Erwerber bekannt gemacht worden ist (§ 25 Abs. 3 HGB).

29 **Vertiefungshinweise**

Die h. M. sieht § 25 Abs. 1 S. 2 HGB als Schuldnerschutznorm. Im Falle des Forderungsübergangs nach dieser Regelung kann der Schuldner befreiend an den Erwerber leisten (Forderungen „gelten als übergegangen"). Dann hat der Veräußerer gegen den Erwerber u. U. einen Ausgleichsanspruch nach § 816 Abs. 2 BGB. Der Schuldner kann aber auch an den Veräußerer zahlen, der noch der wahre Forderungsinhaber ist (im Übrigen greift § 407 BGB). Da § 25 Abs. 1 S. 2 HGB nicht im Verhältnis zwischen Veräußerer und Erwerber gilt, hat der Erwerber die Beweislast für den Forderungsübergang. Nimmt der Veräußerer den Schuldner in Anspruch und beruft sich dieser auf Abs. 1 S. 2, so muss der Veräußerer dem Schuldner nicht nur positive Kenntnis von der Forderungsinhaberschaft verschaffen, sondern Letzterem auch entsprechende Beweismittel zur Verfügung stellen (siehe insgesamt Hopt/Merkt, HGB, § 25 Rn. 24 ff.).

2. Haftung des Erwerbers infolge Vererbung eines Handelsgeschäfts (§ 27 HGB)

30 Wer einen Kaufmann beerbt, haftet für dessen Schulden nach erb- und handelsrechtlichen Regelungen.
Der Erbe haftet für die Schulden des Erblassers zunächst unbeschränkt (§§ 1922 Abs. 1 und 1967 Abs. 2 BGB). Dieser Haftung kann der Erbe zunächst dadurch entgehen, dass er die Erbschaft ausschlägt (§§ 1942 und 1953 BGB).
Selbst wenn der Erbe die Erbschaft nicht ausschlägt, hat er die Möglichkeit, seine Haftung auf den Nachlass zu beschränken, nämlich durch

– Nachlassinsolvenz oder Nachlassverwaltung (§ 1975 BGB) und
– Bedürftigkeitseinrede (§ 1990 BGB).

Die handelsrechtliche Haftung des Erben ist in § 27 HGB geregelt. Diese Haftung ist an folgende Voraussetzungen geknüpft:

Übersicht 9 31

Handelsrechtliche Haftung des Erben

1. Handelsgeschäft muss zum Nachlass gehören.
   – Dies ist nicht der Fall, wenn die Erbschaft ausgeschlagen wird.
2. Fortführung des Handelsgeschäfts mit der bisherigen Firma
   – Davon ist bei sofortiger Firmenänderung oder Veräußerung ohne Firma an Dritten nicht auszugehen.
3. Keine Einstellung des Geschäftsbetriebes innerhalb von drei Monaten
4. Keine Eintragung einer Haftungsbeschränkung entsprechend § 25 Abs. 2 HGB
   – Die Möglichkeit der Haftungsbeschränkung durch Eintragung des Haftungsausschlusses im Handelsregister war lange Zeit umstritten, ist aber inzwischen allgemein anerkannt. Gegen die Haftungsbeschränkung wurde angeführt, dass im vorliegenden Falle der Erblasser als ursprünglicher „Inhaber" nicht in Haftung genommen werden könne und insofern eine Situation bestehe, die der des Erwerbes unter Lebenden (§ 25 Abs. 1 HGB) nicht vergleichbar sei. Dem wird zu Recht der Wortlaut des § 27 Abs. 1 HGB entgegengehalten, der eindeutig auf § 25 HGB im Sinne eines Rechtsgrundverweises Bezug nimmt (vgl. Hopt/, HGB, § 27 Rn. 8, andere Auffassung K. Schmidt, Unternehmensrecht I, § 8 III 3 a, Rn. 146)
   – Sofern die Voraussetzungen des § 27 HGB erfüllt sind, haftet der Erbe unbeschränkt für die Geschäftsschulden.

3. Haftung für frühere Verbindlichkeiten bei Eintritt in das Geschäft eines Einzelkaufmanns (§ 28 HGB)

Tritt jemand in das Geschäft eines Einzelkaufmanns ein, so können je nach Umfang des Geschäfts und Inhalt der Vereinbarung entstehen 32
– eine BGB-Gesellschaft, § 705 BGB,
– eine OHG, § 105 HGB,
– eine KG, § 161 HGB.

Übersicht 10 33

Eintritt in das Geschäft eines Einzelkaufmanns

§ 28 HGB setzt voraus:

1. Eintritt in ein einzelkaufmännisches Unternehmen
   – Da § 28 Abs. 1 Satz 1 HGB lediglich den Fall behandelt, dass jemand als persönlich haftender Gesellschafter oder Kommanditist in das Geschäft eines Einzelkaufmanns eintritt, enthält diese Vorschrift für den Fall, dass durch den Beitritt eine BGB-Gesellschaft entsteht, keine Regelung. Sie gilt lediglich dann, wenn durch den Beitritt eine OHG oder KG entsteht.
2. Entstehen einer Handelsgesellschaft (OHG oder KG)
3. Übernahme des Geschäfts durch die Gesellschaft
   – Die Fortführung der Firma ist nicht erforderlich.
4. Kein Haftungsausschluss nach § 28 Abs. 2 HGB
   – Wie bei § 25 Abs. 2 HGB gilt auch hier, dass der Haftungsausschluss nur dann Wirksamkeit entfaltet, wenn er im Handelsregister eingetragen und bekannt gemacht oder von einem Gesellschafter dem Dritten mitgeteilt worden ist.
   – Sofern die Voraussetzungen des § 28 HGB erfüllt sind, haftet zunächst die Gesellschaft für die Verbindlichkeiten des früheren Inhabers. Über diese Haftung wird auch die Haftung der Gesellschafter gemäß §§ 128, 171 ff. HGB begründet.

Fall 3 (ca. 2 Stunden)

34 F betreibt unter der Firma Friedrich Fleissig-Bau ein Bauunternehmen. Zusätzlich handelt er in diesem Unternehmen mit Baustoffen und ist unter seiner Firma in das Handelsregister eingetragen. Im April bestellt F für die Firma bei dem Zementhersteller Z 1.000 Sack Zement zu einem Preis von 2.000 €. Diese werden auch nach drei Tagen geliefert. Kurze Zeit später erhält F, der sich schon seit Längerem mit dem Gedanken trägt, sich zur Ruhe zu setzen, von E ein gutes Angebot für den Verkauf seines Unternehmens. Im Mai veräußert F sein Unternehmen an E. In dem schriftlichen Vertrag wird vereinbart, dass E nicht für die Altverbindlichkeiten des F haften soll. Eine Eintragung des Haftungsausschlusses in das Handelsregister unterbleibt. In der Folgezeit wird das Unternehmen auf E übertragen, der es fortführt. Dabei firmiert E im Geschäftsverkehr mit Einwilligung des F unter der Bezeichnung F. Fleissig-Bau. Den Vornamen des F kürzt E ab, da er ihm in dem Firmennamen zu lang erscheint. Im Juni bemerkt Z, dass für die 1.000 Sack Zement noch keine Rechnung gestellt wurde. Er wendet sich an E mit der Aufforderung, 2.000 € an ihn zu zahlen.

Zu Recht?

Lösung:

Z kann E gem. § 433 Abs. 2 BGB auf Zahlung von 2.000 € in Anspruch nehmen, wenn E für die Verbindlichkeit des F nach § 25 Abs. 1 Satz 1 HGB einstehen muss.

Dies setzt zunächst voraus, dass das Bauunternehmen des F, in dem er zusätzlich mit Baustoffen handelte, ein Handelsgeschäft darstellt. „Handelsgeschäft" i. S. d. § 25 Abs. 1 Satz 1 HGB meint das Handelsgewerbe, also die Kaufmannseigenschaft. Durch die Eintragung ist F Kannkaufmann gem. § 2 Satz 1 HGB.

E müsste das Handelsgeschäft des F unter Lebenden erworben haben. Nach dem Sachverhalt hat F sein Unternehmen an E veräußert. Es handelt sich also nicht um einen Übergang des Unternehmens kraft Erbgangs. Also hat E das Handelsgeschäft des F unter Lebenden erworben.

Des Weiteren müsste E das Handelsgeschäft des F fortgeführt haben. Er hat das Unternehmen des F weiterbetrieben. Folglich hat er auch diese Voraussetzung erfüllt.

E müsste auch die Firma fortgeführt haben. Voraussetzung dafür ist, dass F eine Firma i. S. d. §§ 17 ff. HGB benutzt hat. Nach § 17 Abs. 1 HGB ist die Firma der Name, unter dem ein Kaufmann seine Geschäfte betreibt und die Unterschrift abgibt. F führte sein kaufmännisches Unternehmen unter dem Namen „Friedrich Fleissig-Bau". Dieser Name ist eine Firma nach § 17 Abs. 1 HGB. Sie enthielt den Familiennamen und den ausgeschriebenen Vornamen des Firmeninhabers und entsprach damit auch den Anforderungen des § 18 Abs. 1 HGB. Der Zusatz „Bau" diente der näheren Kennzeichnung des Geschäfts und ist daher nach § 18 Abs. 2 Satz 2 HGB zulässig.

Fraglich ist, wie es zu beurteilen ist, dass E den Vornamen des F abkürzte und im Geschäftsverkehr den Namen „F. Fleissig-Bau" benutzte. Die Verwendung dieser verkürzten Fassung verstößt nicht gegen § 18 Abs. 1 HGB. Die Frage der Firmenfortführung im Rahmen des § 25 Abs. 1 Satz 1 HGB bezieht sich zudem nicht auf das Verhältnis zwischen Erwerber und Veräußerer des Handelsgeschäftes, sondern berührt vornehmlich Interessen des Verkehrsschutzes. Wer eine Firma verwendet, die der Verkehr mit der vormals geführten Firma identifiziert, darf sich nicht durch den Verweis auf die Änderung der Firma der Haftung für die Verbindlichkeiten des bisherigen Inhabers entziehen. Daher ist auch nicht eine wortgleiche Fortführung der Firma erforderlich, sondern es ist schon Firmenidentität anzunehmen, wenn der „Firmenkern" beibehalten wird und die Zuordnung zum Unternehmensträger erkennbar ist. Ob dies der Fall ist, ist unter Berücksichtigung der Verkehrsanschauung zu ermitteln (vgl. BGH NJW 1992, 911, 912).

Der durch die Abkürzung des Vornamens entstehende Rest der Firma „F. Fleissig-Bau" ist so prägnant, dass er von den betroffenen Verkehrskreisen mit dem Handelsgeschäft des F in Verbindung gebracht wird. Die Abkürzung des Vornamens kann hier als unwesentliche Abweichung von der bisher geführten Firma angesehen werden, sodass Firmenidentität vorliegt. Die Voraussetzung der Fortführung der bisherigen Firma ist erfüllt.

Der Erwerber haftet nur für die im Betriebe des Geschäfts begründeten Verbindlichkeiten des früheren Inhabers. Eine solche Verbindlichkeit des F ist durch den Abschluss des Kaufvertrages mit Z über 1.000 Sack Zement zu einem Preis von insgesamt 2.000 € begründet worden, da der Kauf mit dem Geschäftsbetrieb in Zusammenhang steht und nicht etwa der Privatsphäre des F zuzuordnen ist.

Die Haftung des E für diese Verbindlichkeit könnte ausgeschlossen sein, wenn die dahin gehende Vereinbarung zwischen F und E unter den Voraussetzungen des § 25 Abs. 2 HGB zustande gekommen wäre. Danach ist eine von der Regelung des § 25 Abs. 1 Satz 1 HGB abweichende Vereinbarung einem Dritten gegenüber nur wirksam, wenn sie in das Handelsregister eingetragen und bekannt gemacht oder von dem Erwerber oder dem Veräußerer dem Dritten mitgeteilt worden ist. Da weder eine Eintragung in das Handelsregister und eine entsprechende Bekanntmachung stattgefunden haben, noch eine besondere Mitteilung an Z ergangen ist, ist der zwischen F und E vereinbarte Haftungsausschluss gegenüber Z unwirksam.

Somit kann Z von E die Zahlung von 2.000 € gem. § 433 Abs. 2 BGB i.V.m. § 25 Abs. 1 Satz 1 HGB verlangen.

Beachte: 35

Die Firmenfortführung im Sinne einer Firmenkontinuität ist wesentliche Tatbestandsvoraussetzung des § 25 Abs. 1HGB. Dabei ist nicht das zugrunde liegende Rechtsgeschäft, also die Übertragung der Firma, vielmehr der tatsächliche Gebrauch der Firma maßgeblich. Änderungen der Firma sind dann unschädlich, wenn der Kern erhalten bleibt. Vossler, in: Oetker, HGB-Kommentar, 7. Aufl. 2021,§ 25 Rn. 27 spricht vom **prägenden Teil**, der in der neuen Firma erhalten bleiben muss, wie z.B. der Familienname bei Personenfirmen, während der Vorname abgekürzt werden kann.

III. Ansprüche gegen einen Kaufmann aufgrund Verpflichtung durch wirksame Stellvertretung

Um sein Handelsunternehmen betreiben zu können, benötigt der Kaufmann Hilfspersonen. Je nachdem, ob diese als Angestellte in seinem Betrieb eingegliedert sind oder als Selbstständige tätig werden, unterscheidet man zwischen selbstständigen und unselbstständigen Hilfspersonen des Kaufmanns. 36

Hilfspersonen des Kaufmanns
(Auswahl)

Selbstständige	Unselbstständige
– Handelsvertreter (§§ 84 ff. HGB)	– Prokurist (§§ 48 ff. HGB)
– Handelsmakler (§§ 93 ff. HGB)	– Handlungsbevollmächtigter (§ 54 HGB)
	– Ladenangestellter (§ 56 HGB)

1. Die Vertretung nach dem BGB

Ein Teil der Hilfspersonen des Kaufmanns wird für diesen tätig, indem sie in seinem Namen Rechtsgeschäfte abschließt. Um die in diesem Zusammenhang auftretenden Fragen beantworten zu können, werden zunächst die im BGB geregelten Grundlagen der Vertretung erläutert, wodurch dann erst die teilweise abweichenden Regelungen des HGB verständlich werden. 37

Übersicht 11

Grundsätze der Stellvertretung

Für eine wirksame Stellvertretung i.S.d. § 164 Abs. 1 und 3 BGB sind folgende Voraussetzungen erforderlich:

1. Abgabe/Empfang einer eigenen Willenserklärung durch den Bevollmächtigten
   - Stellvertreter ist nur derjenige, der eine eigene Willenserklärung im Namen des Vertretenen abgibt. Er ist vom Boten abzugrenzen, der lediglich eine fremde Willenserklärung überbringt.
   - Bei der Entscheidung darüber, ob jemand Bote oder Stellvertreter ist, ist entscheidend, ob die betreffende Person lediglich eine bereits fertige Willenserklärung im Namen eines anderen übermittelt (Bote) oder eine eigene Willenserklärung im Namen eines anderen abgibt (Stellvertreter). Eine eigene Willenserklärung kann nur derjenige abgeben, dem noch ein Mindestmaß an Entscheidungsfreiheit im Hinblick auf die Details des Rechtsgeschäftes verbleiben, z.B. durch die Auswahl des Geschäftspartners, des Gegenstandes des Geschäftes oder ob der Abschluss überhaupt getätigt werden soll. Plastisches Beispiel bei einer schriftlichen Willenserklärung: Der Vertreter schreibt den Brief selbst, der Bote überbringt einen Brief, den ihm der Geschäftsherr geschrieben oder diktiert hat.

- Sofern jemand Bote und nicht Stellvertreter ist, treten auch hier die Wirkungen aus den getätigten Geschäften ausschließlich beim Geschäftsherrn ein. Allerdings gelten die Bestimmungen der §§ 164 ff. BGB über die Stellvertretung nicht, insbesondere nicht
  - § 165 BGB und
  - § 166 Abs. 1 BGB.
- Siehe aber § 120 BGB.

2. Handeln im Namen des Vertretenen
   - Nach § 164 Abs. 1 BGB muss der Vertreter eine Erklärung „im Namen des Vertretenen" abgeben. Für den zukünftigen Vertragspartner muss erkennbar sein, dass der Erklärende für einen anderen handelt (Offenkundigkeitsprinzip). Allerdings ist es ausreichend, wenn sich aus den Umständen ergibt, dass die Willenserklärung für einen anderen abgegeben werden soll. Ein solcher Fall liegt insbesondere dann vor, wenn Angestellte in den Geschäftsräumen Geschäfte schließen. Dann ist für den Geschäftspartner aus den Umständen erkennbar, dass sie für ihren Geschäftsherrn tätig werden wollen.
   - Sofern der Vertreter nicht deutlich macht, dass er für einen anderen handelt, und auch keine der vorstehend genannten Ausnahmen eingreift, wird er aus dem von ihm abgeschlossenen Geschäft selbst berechtigt und verpflichtet (§ 164 Abs. 2 BGB).
3. Handeln innerhalb der bestehenden Vertretungsmacht
   - Die Vertretungsmacht wird nachfolgend im Zusammenhang mit den Hilfspersonen des Kaufmanns besprochen.

38 **Beachte:**

Von dem Handeln im Namen eines anderen ist die sog. „verdeckte Stellvertretung" abzugrenzen. Von verdeckter Stellvertretung spricht man dann, wenn ein Handelnder im eigenen Namen auftritt und ein Geschäft abschließt, obwohl die wirtschaftlichen Folgen ausschließlich einen anderen treffen sollen. Ein wichtiger Fall dieser verdeckten Stellvertretung ist das Kommissionsgeschäft nach § 383 HGB (vgl. die Ausführungen zum Kommissionsgeschäft Rn. 68 ff. unter Punkt VI. 1). Weil bei der verdeckten Stellvertretung das Offenkundigkeitsprinzip nicht eingehalten wird, bestehen keinerlei rechtliche Beziehungen zwischen demjenigen, für den der verdeckte Stellvertreter tätig wird, und dem Geschäftspartner des verdeckten Stellvertreters. Rechtliche Beziehungen bestehen vielmehr einerseits zwischen dem verdeckten Stellvertreter und seinem Auftraggeber und andererseits zwischen dem verdeckten Stellvertreter und demjenigen, mit dem er das Geschäft abschließt. Es liegt also gerade kein Fall echter Stellvertretung nach §§ 164 ff. BGB vor.

2. Vertretungsmacht von Hilfspersonen des Kaufmanns

39 Die Vorschriften der §§ 164 ff. BGB über die Vertretung lassen uneingeschränkten Raum für individuelle Regelungen über den Umfang der Vertretungsmacht. Dies ist im Hinblick auf die Bedürfnisse des kaufmännischen Rechtsverkehrs nach rascher Abwicklung und Rechtsklarheit nicht interessengerecht. Wer mit dem Angestellten eines Kaufmanns Geschäfte macht, will wissen, zu welchen Rechtsgeschäften dieser Angestellte berechtigt ist. Aus diesem Grund kennt das HGB drei spezifische Arten der Vertretungsmacht, deren Umfang sich aus dem Gesetz ergibt. Dabei handelt es sich um

- die Prokura, §§ 48–53 HGB,
- die Handlungsvollmacht, §§ 54, 55 HGB,
- die Vertretungsmacht des Ladenangestellten, § 56 HGB.

Bei der Prüfung von Ansprüchen gegen Kaufleute aufgrund der Tätigkeit von Hilfspersonen ist wie folgt zu prüfen:

1. Eigene Willenserklärung der Hilfsperson des Kaufmanns (Vertreter)
2. Handeln im Namen des Kaufmanns (Vertretener)
3. Im Rahmen der erteilten oder durch Gesetz zugewiesenen Vertretungsmacht

Nur diese letzte Voraussetzung wird nachfolgend bei a) und b) erörtert.

a) Vertretungsmacht aufgrund Prokuraerteilung (§ 49 HGB)

Übersicht 12 40

Vertretungsmacht des Prokuristen

1. Erteilung (§ 48 HGB)
   - Nur der Kaufmann kann sie erteilen. Die Erteilung und der Widerruf müssen ausdrücklich erfolgen und beim Handelsregister zur Eintragung angemeldet werden (§ 53 Abs. 1 und 3 HGB). Dabei gibt es verschiedene Arten der Prokura: Einzelprokura, Gesamtprokura und Filialprokura (§ 50 Abs. 3 HGB).
2. Umfang (§ 49 HGB)
   - Sie berechtigt zu allen gewöhnlichen und außergewöhnlichen Geschäften und Rechtshandlungen, die im Rahmen irgendeines Handelsgewerbes vorkommen können. Es besteht jedoch keine Ermächtigung zur Belastung und Veräußerung von Grundstücken (§ 49 Abs. 2 HGB), zur Firmenänderung (Grundlagengeschäft), zur Bilanzunterzeichnung (§ 245 HGB), zur Prokuraerteilung (Prinzipalgeschäfte), zur Insolvenzanmeldung oder Geschäftsbetriebsveräußerung (Prokura ist auf den „Betrieb" gerichtet). Beschränkungen des Umfangs sind Dritten gegenüber unwirksam (§ 50 Abs. 1 HGB), es sei denn, dieser arbeite in böser Absicht mit dem Prokuristen zusammen (§§ 138, 826 BGB). Auch im Falle der Kenntnis des Dritten (auch wenn es ohne Weiteres erkennbar war) über den bewussten Missbrauch der Vertretungsmacht stehen die internen Beschränkungen einem Geschäftsabschluss zwischen dem Kaufmann und dem Dritten entgegen.
3. Erlöschen (§ 52 HGB)
   - Durch Widerruf, Tod des Prokuristen, Betriebseinstellung, Beendigung des Arbeitsverhältnisses, Geschäftsauflösung und -veräußerung und Insolvenz
4. Zeichnung (§ 51 HGB)
   - Der Prokurist unterschreibt als Vertreter des Kaufmanns mit seinem Namen und einem die Prokura andeutenden Zusatz, etwa „pp" oder „ppa" (per procura).
5. Arten der Prokura
   - Im Normalfall wird Einzelprokura erteilt. Bei der Gesamtprokura können die Prokuristen nur gemeinsam handeln. Die Filialprokura bezieht sich auf eine bestimmte Niederlassung (§ 50 Abs. 3 HGB).

b) Vertretungsmacht aufgrund Handlungsvollmacht (§ 54 HGB)

Übersicht 13 41

Vertretungsmacht des Handlungsbevollmächtigten

1. Erteilung
   - Kann nicht nur durch den Kaufmann erfolgen, sondern auch durch den Prokuristen. Eine besondere Form ist nicht vorgesehen, selbst durch Duldung könnte sie entstehen. Als Arten sind denkbar: Generalvollmacht, Artvollmacht (rechtswirksame Beschränkung nach außen bezogen auf bestimmte Arten von Geschäften, etwa Einkauf oder Verkauf) und die Spezialvollmacht (gilt dann nur für bestimmte Rechtsgeschäfte).
2. Umfang
   - Sie umfasst alle gewöhnlichen Geschäfte und Rechtshandlungen, die im Rahmen des (konkreten) Handelsgewerbes liegen und nicht ungewöhnlich (üblich) sind. Ausgeschlossen sind außer den Einschränkungen, die für Prokuristen gelten, das Eingehen von Wechselverbindlichkeiten, die Aufnahme von Darlehen und die Prozessvertretung (§ 54 Abs. 2 HGB).
3. Erlöschen
   - Durch Widerruf, Entlassung, Tod des Handlungsbevollmächtigten, Betriebseinstellung und Insolvenz.
4. Arten der Handlungsvollmacht
   - Die Generalvollmacht ist als der Normalfall mit dem oben beschriebenen Umfang anzusehen. Die Artvollmacht berechtigt zur Vornahme bestimmter Arten von Geschäften (z. B. Einkäufe, Verkäufe), wohingegen die Spezialvollmacht nur bestimmte Rechtsgeschäfte erfasst.

c) Vertretungsmacht eines Ladenangestellten (§ 56 HGB)

42 Nach § 56 HGB gilt derjenige, der in einem Laden oder offenen Warenlager angestellt ist, zu Verkäufen und Empfangnahmen als bevollmächtigt, die in einem derartigen Laden und Warenlager gewöhnlich vorkommen.

Übersicht 14

Vertretungsmacht des Ladenangestellten

Voraussetzungen für die Anwendung des § 56 HGB sind somit:

1. Laden oder offenes Warenlager
   - Darunter sind Räume zu verstehen, die dem Publikum offenstehen und in denen der Inhaber seine Geschäfte betreibt (Beispiel: Einzelhandelsgeschäft, nicht aber Fabrikationsräume).
2. Angestellter
   - Entscheidend ist, dass die Tätigkeit mit Wissen und Wollen des Ladeninhabers geschieht. Daher können auch ohne ein wirksames Arbeitsverhältnis Familienangehörige usw. „angestellt" i.S.d. § 56 HGB sein.
3. Verkäufe und Empfangnahmen
   - Verkäufe sind der Abschluss von Kaufverträgen und die damit zusammenhängenden Handlungen.
   - Empfangnahmen sind die Entgegennahme von Sachen, wie z.B. das Kassieren des Kaufpreises oder Willenserklärungen (Anfechtung, Rücktrittserklärung).
4. Gewöhnlichkeit
   - Gewöhnlich sind die Geschäfte, die üblich sind.
5. Gutgläubigkeit
   - Schon leicht fahrlässige Unkenntnis steht der Vertretungsmacht entgegen (analog § 54 Abs. 3 HGB).

Fall 4 (ca. 1 Stunde)

43 A ist Inhaber eines im Handelsregister eingetragenen Bauunternehmens. Er stellt den P ein und erteilt ihm Prokura. Beide vereinbaren, dass P in den ersten drei Monaten bei Einkäufen über 10.000 € jeweils zuvor die Zustimmung des A einholen muss. Eine Eintragung der Prokura in das Handelsregister erfolgt zunächst nicht, da A abwarten will, ob P sich bewährt. Kurze Zeit später kauft P bei B im Namen des A Büroeinrichtung im Wert von 70.000 €. Die Einwilligung des A holt er nicht ein.

Kann B von A Zahlung der 70.000 € verlangen?

Lösung:

B könnte gegen A einen Anspruch auf Zahlung von 70.000 € gem. § 433 Abs. 2 BGB haben.

Dies setzt voraus, dass zwischen B und A ein Kaufvertrag i.S.d. § 433 BGB über den Kauf von Büroeinrichtung zum Preis von 70.000 € abgeschlossen worden ist. A selbst hat ein derartiges Kaufgeschäft nicht getätigt. Er könnte bei Abschluss des Kaufvertrages jedoch von P wirksam vertreten worden sein.

Dies setzt nach § 164 Abs. 1 BGB voraus, dass der P eine eigene Willenserklärung abgegeben hat und den Kaufvertrag im Namen des A geschlossen hat, was vorliegend zu bejahen ist.

Weiterhin müsste P nach § 164 BGB Vertretungsmacht gehabt haben. Die Vertretungsmacht könnte sich hier aus § 49 Abs. 1 HGB ergeben.

A hat dem P Prokura erteilt. Diese Erteilung müsste jedoch auch wirksam sein.

Gem. § 48 Abs. 1 HGB kann eine Prokura nur von Kaufleuten erteilt werden. A müsste also zunächst Kaufmann sein.

Zwar kann nach dem Sachverhalt nicht unmittelbar festgestellt werden, ob der Betrieb des A nach Art und Umfang einen in kaufmännischer Weise eingerichteten Geschäftsbetrieb erfordert. Da für A eine Firma im Handelsregister eingetragen ist, wird er gem. § 2 Satz 1 HGB als (Kann-) Kaufmann angesehen.

Die nach § 48 Abs. 1 HGB erforderliche ausdrückliche Erteilung der Prokura liegt vor. Bedenken gegen die Gültigkeit der Prokura könnten allenfalls daraus hergeleitet werden, dass die gem. § 53 Abs. 1 HGB gebotene Eintragung in das Handelsregister unterblieb. Diese hat jedoch nur deklaratorische Bedeutung. Auf die Wirksamkeit der Prokura hat sie keinen Einfluss.

Weitere Voraussetzung für eine wirksame Verpflichtung des A durch P ist, dass der von P getätigte Kauf von der Prokura gedeckt ist. Gem. § 49 Abs. 1 HGB ermächtigt die Prokura zu allen Geschäften, die der Betrieb eines Handelsgewerbes mit sich bringt. Dass P erst nach Rücksprache mit A tätig werden durfte, dies jedoch versäumte, ist unbeachtlich. Gem. § 50 Abs. 1 HGB ist jede Beschränkung des Umfanges der Prokura Dritten gegenüber unwirksam. Somit ist A durch P beim Abschluss des Kaufvertrages wirksam vertreten worden.

B hat gegen A einen Anspruch auf Zahlung von 70.000 € gem. § 433 Abs. 2 BGB.

IV. Ansprüche von selbstständigen Hilfspersonen des Kaufmanns

1. Ansprüche des Handelsvertreters (§§ 84 ff. HGB)

§ 84 Abs. 1 HGB definiert den Handelsvertreter als selbstständigen Gewerbetreibenden, der ständig damit betraut ist, für einen Unternehmer Geschäfte zu vermitteln (Vermittlungsvertreter) oder in dessen Namen abzuschließen (Abschlussvertreter). 44

Der Handelsvertreter hat die Pflicht zur Interessenwahrung des Unternehmers, insbesondere von jeder Geschäftsvermittlung und von jedem Geschäftsabschluss unverzüglich Mitteilung zu machen (§ 86 Abs. 1 und 2 HGB). Im Gegenzug hat der Unternehmer dem Handelsvertreter Annahme oder Ablehnung eines vermittelten oder ohne Vertretungsmacht abgeschlossenen Geschäfts und die Nichtausführung eines von ihm vermittelten oder abgeschlossenen Geschäfts mitzuteilen (§ 86 a Abs. 2 HGB).

a) Provisionsanspruch (§ 87 Abs. 1 HGB)

Übersicht 15 45

Provisionsansprüche des Handelsvertreters

1. Abschlussprovision (§ 87 Abs. 1, 1. Alternative HGB)
   - Geschäfte, die auf die Tätigkeit des Handelsvertreters zurückzuführen sind.
2. Abschlussprovision (§ 87 Abs. 1, 2. Alternative HGB)
   - Geschäfte, die mit Dritten abgeschlossen werden, die der Handelsvertreter (zuvor) als Kunde geworben hat (gilt nicht für Versicherungsvertreter, § 92 Abs. 3 Satz 1 HGB).
3. Anspruch als Bezirksvertreter (§ 87 Abs. 2 HGB)
   - Für die Pflege des Bezirks erhält er Provision ohne Mitwirkung seiner Person bei Geschäften mit Kunden (gilt nicht für Versicherungsvertreter, § 92 Abs. 3 Satz 2 HGB).
4. Überhangprovision (§ 87 Abs. 3 HGB)
   - Provision für Abschlüsse innerhalb angemessener Frist nach Vertragsende, wenn der Handelsvertreter das Geschäft vermittelt oder so eingeleitet hat, dass der Abschluss überwiegend auf seine Tätigkeit zurückzuführen ist (Nr. 1) oder vor Beendigung des Vertragsverhältnisses das Angebot des Dritten zum Abschluss eines Geschäfts dem Handelsvertreter oder dem Unternehmer zugegangen ist (Nr. 2).
5. Delkredereprovision (§ 86 b HGB)
   - Eine besondere Provision kann vereinbart werden, wenn der Handelsvertreter sich verpflichtet, für die Erfüllung der Verbindlichkeit aus einem Geschäft einzustehen (i. d. R. Bürgschaft). Die Übernahme bedarf der Schriftform (Abs. 1 Satz 3).
6. Inkassoprovision (§ 87 Abs. 4 HGB)
   - Anspruch auf Inkassoprovision für die vom Handelsvertreter auftragsgemäß eingezogenen Beträge

Für sämtliche Provisionsansprüche gilt:

1. Fälligkeit (§ 87 a HGB)
   - Es gilt der Grundsatz: keine Provision ohne Abschluss. Dieser genügt alleine nicht. Das Geschäft muss zur Ausführung gekommen sein. Ausführung bedeutet die Erbringung der vertraglich geschuldeten Leistung durch den Unternehmer. Steht fest, dass der Dritte (derjenige, zu dem der Handelsvertreter das Geschäft vermittelt hat) nicht leistet, so entfällt der Anspruch auf Provision und die bereits empfangenen Beträge sind zurückzugewähren (Abs. 2). Der Handelsvertreter hat aber auch dann einen Anspruch auf Provision, wenn feststeht, dass der Unternehmer das Geschäft ganz oder teilweise nicht ausführt. Dies gilt allerdings dann nicht, wenn der Unternehmer die Umstände der Nichtausführung nicht zu vertreten hat (Abs. 3).
2. Höhe (§ 87 b HGB)
   - Ist die Höhe der Provision nicht bestimmt, so ist der übliche Satz zu entrichten.
3. Abrechnung (§ 87 c HGB)
   - Der Unternehmer hat über die Provision monatlich abzurechnen, und zwar unverzüglich, spätestens bis zum Ende des nächsten Monats.

46 **Beachte:**

Als **Beendigungsgründe** für den Handelsvertretervertrag kommen u. a. in Betracht:
- Ablauf der Zeit, für die das Dienstverhältnis eingegangen worden ist (auf bestimmte Zeit geschlossene Verträge, § 620 BGB),
- ordentliche Kündigung (auf unbestimmte Zeit geschlossene Verträge, § 89 Abs. 1 HGB),
- außerordentliche Kündigung (bei beiden Vertragsarten, § 89 a HGB).

b) Ausgleichsanspruch (§ 89 b HGB)

47 Nach Beendigung des Handelsvertretervertrages kann der Handelsvertreter vom Unternehmer ggf. einen Ausgleich dafür verlangen, dass ihm in Folge der Beendigung des Vertrages Provisionsansprüche entgehen. Dieser sog. „Ausgleichsanspruch" des Handelsvertreters stellt eine zusätzliche Vergütung für die Mithilfe des Handelsvertreters bei der Schaffung eines wirtschaftlich wertvollen Kundenstammes dar.

48 **Übersicht 16**

Ausgleichsanspruch des Handelsvertreters

1. Anspruch dem Grunde nach
   a) Handelsvertreterverhältnis zwischen Handelsvertreter und Unternehmen
   b) muss beendet worden sein und darf
   c) nicht ausgeschlossen sein (gem. § 89 b Abs. 3 HGB).
      - keine Kündigung durch den Handelsvertreter, es sei denn, der Unternehmer hat die Kündigung des Handelsvertreters veranlasst (Nr. 1)
      - keine (berechtigte) außerordentliche Kündigung durch das Unternehmen (Nr. 2)
      - kein Eintritt eines Dritten in das Verhältnis zwischen Unternehmer und Handelsvertreter, da in einem solchen Falle Ausgleichszahlung unmittelbar vom Nachfolger an den bisherigen Handelsvertreter erfolgt, allerdings nur mit Zustimmung des Unternehmers (Nr. 3)

   Geltendmachung innerhalb eines Jahres nach Beendigung des Vertragsverhältnisses (formlos möglich!, § 89 b Abs. 4 Satz 2 HGB). Der Ausgleichsanspruch kann im Voraus nicht ausgeschlossen werden. (§ 89 b Abs. 4 Satz 1 HGB).
2. Anspruch der Höhe nach
   - Es hat ein „angemessener" Ausgleich zu erfolgen (§ 89 b Abs. 1 HGB). Nachfolgende Gesichtspunkte sind zu berücksichtigen („wenn und soweit"):
   - Werbung neuer Kunden und dadurch auch nach Vertragsbeendigung erhebliche Vorteile für den Unternehmer (Nr. 1). Zur Werbung neuer Kunden zählt auch eine wesentliche Erweiterung der Geschäftsverbindungen mit dem Kunden (§ 89 b Abs. 1 Satz 2 HGB).
   - Zahlung des Ausgleichs muss der „Billigkeit" entsprechen; Verlust von Provisionsansprüchen des Handelsvertreters, die er bei Fortführung des Vertragsverhältnisses gehabt hätte, als ein gesetzliches Beispiel („insbesondere") (Nr. 2). § 89 b Abs. 1 Nr. 1 und 2 HGB sind kumulativ zu prüfen („und").
   - Höchstens eine Jahresprovision (bzw. sonstige Jahresvergütung), berechnet nach dem Jahresdurchschnitt der letzten fünf Jahre (§ 89 b Abs. 2 HGB). Bei Versicherungsvertretern ist der Ausgleichsanspruch auf höchstens drei Jahresprovisionen oder Jahresvergütungen begrenzt (§ 89 b Abs. 5 Satz 2 HGB).
   - Bruttoprovisionen: Berücksichtigt wird das bisherige Einkommen des Handelsvertreters (auch Überhangsprovisionen) ohne Abzug von Umsatzsteuer und Betriebsausgaben (vgl. Hopt, HGB, § 89 b Rn. 51).

49 **Beachte:**

Besonderheiten gelten für **Versicherungsvertreter** (§ 89 b Abs. 5 HGB). Dort tritt an die Stelle der Geschäftsverbindung mit neuen Kunden, die der Handelsvertreter geworben hat, die Vermittlung neuer Versicherungsverträge durch den Versicherungsvertreter.

Auf einen Versicherungsvertreter im **Nebenberuf** ist § 89 b HGB nicht anzuwenden (§ 92 b Abs. 1 Satz 1 HGB). Für Handelsvertreter außerhalb der EU sowie Schifffahrtsvertreter besteht freie Rechtswahl (§ 92 c HGB).

2. Der Ausgleichsanspruch des Vertragshändlers (§ 89 b HGB analog)

Beim Vertrieb von Markenwaren hat sich im Laufe der Zeit ein im HGB nicht geregelter Typus des Absatzmittlers herausgebildet: der sog. „Vertragshändler". Vertragshändler ist, wer sich in einem auf gewisse Dauer gerichteten Rahmenvertrag verpflichtet, Waren eines anderen (des Herstellers oder Lieferanten) im eigenen Namen und auf eigene Rechnung zu vertreiben und durch den Vertrag zugleich in die Verkaufsorganisation des Herstellers eingegliedert wird. 50

Was die Beziehung zu seinen Abnehmern betrifft, ist der Vertragshändler ein „Eigenhändler". Er verkauft Waren im eigenen Namen und auf eigene Rechnung, die er vorher beim Hersteller gekauft hat.

Was das Verhältnis zum Hersteller anbelangt, so steht er diesem so nahe, dass er sich diesbezüglich am ehesten mit dem Handelsvertreter vergleichen lässt. Das liegt daran, dass der Vertragshändler sich an den Hersteller durch einen Rahmenvertrag bindet.

Ein wesentliches Problem des Vertragshändlerrechts ist es, ob Vorschriften des Handelsvertreterrechts analog angewandt werden können. Eine analoge Anwendung wird z. B. bei den Kündigungsvorschriften der §§ 89 ff. HGB bejaht.

Übersicht 17 51

Ausgleichsanspruch des Vertragshändlers

Bezüglich des Ausgleichsanspruchs des § 89 b HGB billigt die herrschende Meinung dem Vertragshändler einen Ausgleichsanspruch unter folgenden Voraussetzungen zu:

1. Ein über die Käufer-/Verkäuferbeziehung hinausgehendes Vertragsverhältnis
   - Die Beziehungen müssen über bloße Käufer-/Verkäuferbeziehungen hinausgehen. Dafür spricht zunächst die Eingliederung in die Absatzorganisation des Herstellers in der Art, dass wirtschaftlich in erheblichem Umfang Aufgaben erfüllt werden, die sonst Handelsvertretern zukommen. Weitere Indizien sind Alleinvertriebsrecht, Konkurrenzverbot, Berichts- und Mitteilungspflichten und die Verpflichtung zum Einsatz für die Marke.
2. Verpflichtung zur Überlassung des Kundenstamms
   - Vertragliche Verpflichtung, dem Hersteller bei Beendigung des Vertrages den Kundenstamm zu überlassen.

     Dabei kommt es nicht darauf an, ob der Hersteller den Kundenstamm auch tatsächlich in Anspruch nimmt.
3. Voraussetzungen des § 89 b HGB
   - Hinsichtlich der (weiteren) Voraussetzungen des § 89 b HGB kann auf die Ausführungen zu B. IV. 1. b S. 108 ff. verwiesen werden.

Entsprechende Überlegungen gelten auch im Hinblick auf die Ausgleichsansprüche von Franchisenehmern und Kommissionsagenten. 52

Fall 5 (ca. 3 Stunden)

V war für sieben Jahre in eigenem Namen und auf eigene Rechnung als Absatzmittler des Autoherstellers A tätig und erschloss mit einer eigenen Vertriebsorganisation den Markt in der dem V exklusiv zugewiesenen Region. Nach dem Rahmenvertrag hatte V die Interessen von A in der Weise zu berücksichtigen, dass er jeden Verkauf anzeigen musste. Zur Wahrung des (bekannten) Markenbildes hatte er sich stets als Händler der Marken von A zu erkennen zu geben. Weiter schrieb A dem V jährliche Mindestabnahmemengen vor. Die Fahrzeuge hatte er dann zu einem empfohlenen Listenpreis zu veräußern. Nach Zulassung eines verkauften Neuwagens gab V vereinbarungsgemäß die persönlichen Daten des jeweiligen Käufers an A durch. V erzielte in der besagten Zeit eine durchschnittliche jährliche Bruttoprovision (d. h. ohne Abzug von Umsatzsteuern, Betriebsausgaben und ähnlichen Aufwendungen) in Höhe von 1.000.000 €. Der Händlervertrag wurde von V gegenüber A zum Ende des 7. Jahres (fristgemäß) gekündigt, da er durch die Zusammenarbeit von A mit einem weiteren Händler in „seiner" Region nicht unerhebliche Umsatzeinbußen hinzunehmen hatte. V verlangte im Laufe eines Jahres nach Vertragsbeendigung einen Ausgleich in Höhe von 250.000 €. 53

Zu Recht?

Lösung:

V könnte gegen A einen Ausgleichsanspruch aus § 89 b HGB haben.

Dann hätte zwischen den Beteiligten ein Handelsvertreterverhältnis bestehen und V als Handelsvertreter für den Unternehmer A tätig gewesen sein müssen. H hat aber in eigenem Namen und auf eigene Rechnungen die Fahrzeuge gekauft und anschließend verkauft.

Da V kein Handelsvertreter ist, kommen die Vorschriften der §§ 84 ff. HGB nicht unmittelbar zur Anwendung somit auch nicht die zuvor genannte Anspruchsgrundlage. Die Rechtsprechung wendet unter gewissen Voraussetzungen die Regelung des § 89 b HGB dann in analoger Weise an, wenn sich das Rechtsverhältnis zwischen Unternehmer und Händler nicht in einer bloßen Käufer-Verkäufer-Beziehung erschöpft, sondern der Händler aufgrund eines Rahmenvertrages so in die Absatzorganisation des Unternehmers eingegliedert war, dass er wirtschaftlich in erheblichem Umfang dem Handelsvertreter vergleichbare Aufgaben zu erfüllen hatte. Schließlich muss der Händler bei Beendigung des Vertragsverhältnisses dem Unternehmer den gesamten Kundenstamm zur sofortigen Nutzbarmachung überlassen (dazu insgesamt K. Schmidt, Handelsgesetzbuch, § 28 III 2. a) aa) Rn. 45 ff.).

Sowohl vom Auftreten als Händler des A als auch in Bezug auf die einzelnen weiteren Merkmale der Einbindung in die Vertriebsorganisation sind die Voraussetzungen bei V erfüllt. Insbesondere hat er sämtliche Kundendaten zur Verfügung gestellt, sodass A einen unmittelbaren „Zugriff" auf diese hat. Dabei ist es unerheblich, ob diese Nutzungsmöglichkeit bereits während der Vertragsdauer bestand und nicht erst nach Vertragsbeendigung. Weiter kommt es auch nicht darauf an, ob der Unternehmer A sich die Kundendaten tatsächlich nutzbar macht.

Der Vertrag wurde durch V (ordentlich) zum Ende des 7. Jahres gekündigt. Der Ausgleichsanspruch wurde auch rechtzeitig innerhalb eines Jahres nach Beendigung des Vertrages geltend gemacht (§ 89 Abs. 4 Satz 2 HGB). Allerdings könnte der Ausschlussgrund des § 89 b Abs. 3 Nr. 1 HGB einem möglichen Anspruch entgegenstehen. V hat den Vertrag gekündigt und somit auf den ersten Blick diesen Ausschlussgrund erfüllt. Allerdings ist dort auch geregelt, dass es bei dem Anspruch bleibt, wenn der Unternehmer einen begründeten Anlass zu dieser Kündigung gegeben hat (siehe Hopt, HGB, § 89 b Rn. 56 ff.). Dies ist vorliegend der Fall, da A durch sein eigenes Verhalten eine nicht hinzunehmende Konkurrenzsituation im Gebiet des V veranlasst hat. A hat sogar die vertraglichen Pflichten aus dem Gebietsschutz für V verletzt, sodass der Ausgleichsanspruch dem Grunde nach gegeben ist.

Zur Höhe des Anspruchs sind die Kriterien des § 89 b Abs. 1 HGB zur Bestimmung der Angemessenheit zu berücksichtigen. Der BGH zieht auch Gesichtspunkte der Billigkeit heran (BGH NJW 1995, 1958, EuGH BB 2009, 1607). Dabei können solche Aspekte, wie etwa die Vertragsdauer, aber auch der Umstand der Vertragskündigung durch V, eine Rolle spielen. Ob der geltend gemachte Anspruch in Höhe von 250.000 € berechtigt ist, bestimmt sich nach dem „erheblichen" Vorteil, den A aus der Überlassung des Kundenstamms von V erwartet. Dieser Vorteil wird nach der angegebenen Entscheidung des EuGH nicht mehr durch die Provisionsverluste des Vertragspartners des Unternehmers (hier: Vertragshändler) begrenzt. Im Hinblick auf die Automobilbranche sind Besonderheiten bei der Ermittlung des Unternehmervorteils wie folgt zu berücksichtigen: Mehrfach wurden bereits Erhebungen über die durchschnittliche Automobilmarkentreue veröffentlicht, die etwa mit 50 % anzusetzen ist. Ein erheblicher Abzug wird der „Sogwirkung" der (bekannten) Automarken zugeschrieben. Zu berücksichtigen ist der persönliche Einsatz des Vertriebspartners, der zu einer Annahme der Neuwerbung von Kunden durch V von ca. 10 % führt (ein erheblicher Zeitaufwand entfällt auf die reine „Verwaltungstätigkeit"). Weiterhin ist noch eine Abzinsung auf den Barwert vorzunehmen, weil der Vertriebspartner V eine einmalige Zahlung begehrt, die sich auf einen längeren Zeitraum von durchschnittlich fünf Jahren bezieht (siehe im Einzelnen Hopt, HGB, § 89 b Rn. 45 ff.).

Unter Berücksichtigung aller Umstände erscheint eine Ausgleichszahlung in Höhe von 250.000 € in Grund und Höhe berechtigt.

54 **Vertiefungshinweise**

Mit der Umsetzung der Handelsvertreter-Richtlinie der EU (86/653/EWG) wurde der § 89 b HGB zum 5.8.2009 im Abs. 1 dahin gehend geändert, dass die Nr. 3 entfallen ist und nunmehr der Verlust der Provision als ein Unterfall des „billigen" Ausgleichs (Nr. 2) behandelt wird. Der EuGH hat in der Entscheidung Tugay Semen/Deutsche Tamoil (BB 2009, 1607) durch richtlinienkonforme Auslegung von Art. 17 Abs. 2 Handelsvertreter-RL die Rechtsprechung zur Berechnung der Höhe des Ausgleichsanspruchs geändert. Bisher war die Höhe des Ausgleichsanspruchs neben der allgemeinen Höchstgrenze gem. § 89 b Abs. 2 HGB durch die Provisionsverluste des Handelsvertreters begrenzt. Die Vorteile des Unternehmers sowie die Billigkeit konnten diesen Anspruch lediglich verringern. Nunmehr sind die **Vorteile**, die der Unternehmer durch den Handelsvertreter erlangt hat, maßgeblich. Ein hiernach berechneter Ausgleichsanspruch wird nicht mehr nach oben durch die Provisionsverluste des Handelsvertreters begrenzt. Fraglich ist allerdings, wie die Unternehmervorteile zu berechnen sind. Dem Handelsvertreter kommt die Vermutung zugute, dass die Unternehmervorteile mindestens so hoch sind wie die Provisionsverluste, sodass er sich für eine substanziierte Darlegung auch mit der Berechnung der Provisionsverluste begnügen kann. Zudem stehen dem HV nun aber zwei weitere Möglichkeiten offen: Zum einen kann er den Ausgleich über die meist höheren Unternehmervorteile berechnen. Zum anderen kann er im Rahmen der Billigkeit Umstände vortragen, die zu einem sogar die Unternehmervorteile übersteigenden Anspruch führen können.

Beispiel: 55

Der Unternehmer beliefert die Kunden, die der HV geworben hat, nur zögerlich oder mangelhaft, was zu Kundenabwanderungen führt. Während bis zur o. g. Entscheidung des EuGH solche Umstände im Rahmen der Berechnung des Ausgleichsanspruchs unberücksichtigt blieben, sind diese Gesichtspunkte nunmehr in die Berechnung miteinzubeziehen (vgl. Eckhoff, BB 2009, 1609).

3. Der Lohnanspruch des Handelsmaklers (§ 99 HGB)

Bei dem Handelsmakler handelt es sich um eine Sonderform des in § 652 Abs. 1 BGB geregelten Zivilmaklers (§ 93 HGB). 56

Für die Rechtsbeziehung des Handelsmaklers gelten zunächst die §§ 94 ff. HGB, hilfsweise die §§ 652 ff. BGB.

Zwischen Handels- und Zivilmakler gibt es nachfolgende Unterschiede:

Zivilmakler	Handelsmakler
– Nachweis oder Vermittlung (§ 652 BGB)	– stets Vermittlung (§ 91 Abs. 1 HGB)
– ggf. nicht gewerbsmäßig	– nur gewerbsmäßig
– ausschließlich dem Auftraggeber verpflichtet (vgl. z. B. § 654 BGB)	– Wahrung der Interessen beider Parteien (vgl. z. B. § 98 HGB)
– Provision nur vom Auftraggeber (§ 652 BGB)	– Provision im Zweifel von beiden Parteien (§ 99 HGB)
– alle Geschäfte (§ 652 BGB)	– nur Gegenstände des Handelsverkehrs (§ 93 Abs. 1 und 2 HGB)

Übersicht 18 57

Anspruch auf Maklerlohn

Der Handelsmakler hat unter folgenden Voraussetzungen Anspruch auf Maklerlohn:

1. Handelsmakler
   - Dazu zählen nur Personen, die es gewerbsmäßig übernehmen, Handelsgüter (Gegenstände des Handelsverkehrs) zu vermitteln. Ausdrücklich von den Handelsgütern ausgenommen sind Grundstücke (§ 93 Abs. 1 und 2 HGB). Es findet keine „Betrauung" durch eine Seite statt. Vielmehr hat der Handelsmakler die Interessen beider Seiten wahrzunehmen (§ 98 HGB).
2. Vermittlungstätigkeit
   - Im Gegensatz zum Zivilmakler, bei dem schon der Nachweis über die Benennung eines möglichen Vertragspartners genügt, verlangt die Vermittlungstätigkeit des Handelsmaklers konkrete, auf den Abschluss eines Vertrages gerichtete Handlungen, wie etwa die Verhandlung oder die Überbringung von Willenserklärungen als Bote.
3. Vermittelter Vertrag muss zustande gekommen sein
   - Es ist keine Ausführung des vermittelten Geschäfts notwendig wie beim Handelsvertreter (§ 87 a HGB).
4. Ursächlichkeit der Maklertätigkeit (vgl. § 652 Abs. 1 Satz 1 BGB)
   - Ausreichend ist die Mitursächlichkeit der Maklertätigkeit für den Abschluss des Vertrages.

Rechtsfolgen des Anspruchs auf Maklerlohn:

- Der Handelsmakler hat Anspruch auf Vergütung (im Zweifel) gegenüber beiden Seiten jeweils anteilig (§ 99 HGB). Dagegen besteht – anders als etwa beim Handelsvertreter (§ 87 Abs. 4 HGB) – kein Inkassorecht (§ 97 HGB) und grundsätzlich auch kein Aufwendungsersatzanspruch (§ 652 Abs. 2 BGB).

V. Modifizierung privatrechtlicher Ansprüche durch die Beteiligung von Kaufleuten

1. Allgemeine Grundsätze über den Handelskauf (§§ 373–382 HGB)

58 Der Handelskauf ist in den §§ 373 ff. HGB geregelt. Ein Handelskauf liegt vor, wenn es sich um einen Kaufvertrag i. S. d. §§ 433 ff. BGB handelt. Die §§ 373 ff. HGB finden auch Anwendung auf den Tausch (§ 480 BGB) und den in § 651 BGB geregelten Werklieferungsvertrag (§ 381 Abs. 2 HGB).
Gegenstand des Vertrages sind Waren (§ 373 HGB) oder Wertpapiere (§ 381 Abs. 1 HGB). Zu den Waren zählen nur bewegliche Sachen. Daher liegt ein Handelskauf nicht vor bei Kaufverträgen über Grundstücke, Forderungen und Rechte (§§ 373, 381 Abs. 1 HGB).
Weiterhin muss zumindest eine Partei Kaufmann sein, für die der Vertrag zum Betrieb ihres Handelsgewerbes gehört (§§ 343, 344 HGB). Grundsätzlich genügt es, wenn der Kaufvertrag für eine Partei ein Handelsgeschäft ist (§ 345 HGB). Lediglich die Regelungen der §§ 377 bis 379 HGB gelten ausschließlich für den sog. „beiderseitigen Handelskauf".

2. Ansprüche des Verkäufers bei Annahmeverzug des Käufers (§ 373 HGB)

59 Diese Vorschriften der §§ 294 ff. BGB über den Annahmeverzug gelten auch im Fall des Handelskaufs (§ 373 HGB).
Daneben werden aber beim Handelskauf einige sich aus dem BGB ergebende Rechtsfolgen des Annahmeverzuges abgeändert. Nach den Regelungen des BGB kann der Schuldner bei Annahmeverzug des Gläubigers die geschuldete Sache hinterlegen. Eine derartige Hinterlegung ist aber nur möglich bei Geld, Wertpapieren und sonstigen Urkunden sowie Kostbarkeiten. Nach den Regelungen des HGB ist jede Ware hinterlegungsfähig.
Nach § 374 BGB hat die Hinterlegung bei der Hinterlegungsstelle des Leistungsortes zu erfolgen. Das ist das Amtsgericht des Leistungsortes. Beim Handelskauf kann die Ware in einem öffentlichen Lagerhaus oder sonst in sicherer Weise hinterlegt werden (§ 373 Abs. 1 HGB).
Während die Hinterlegung nach § 373 BGB in bestimmten Fällen Erfüllungswirkung haben kann (§§ 378, 376 BGB), ist dies bei der Hinterlegung nach § 373 Abs. 1 HGB grds. nicht der Fall. Erfüllungswirkung tritt nur dann ein, wenn bei einer staatlichen Hinterlegungsstelle unter Ausschluss des Rücknahmerechts hinterlegt wird. Die Hinterlegung nach § 373 Abs. 1 HGB befreit den Verkäufer nur von der Last der Aufbewahrung.
Es kommen alle Waren und Wertpapiere für einen derartigen Verkauf in Betracht (§ 373 Abs. 2 HGB).
Eine weitere Alternative ist der Selbsthilfeverkauf.

60 **Übersicht 19**

Voraussetzungen und Rechtsfolgen des Selbsthilfeverkaufs

Voraussetzungen des wirksamen Selbsthilfeverkaufs sind:
1. Annahmeverzug des Käufers (vgl. §§ 293 ff. BGB)
   a) Tatsächliches oder wörtliches Angebot des Verkäufers (§§ 294, 295 BGB)
   b) Verweigerung der Abnahme durch den Käufer
2. Handelskauf (§§ 343, 344 HGB)
   - Ausreichend, aber auch notwendig ist ein einseitiger Handelskauf, wobei der Verkäufer als Kaufmann im Rahmen seines Handelsgeschäftes tätig werden muss.
3. Androhung des Verkaufs (§ 373 Abs. 2 HGB)
   - Die daneben vorgesehene Benachrichtigung bzgl. Ort und Zeit der Versteigerung sowie vollzogenen Verkauf (§ 373 Abs. 5 Satz 1 HGB) ist keine Wirksamkeitsvoraussetzung für den Selbsthilfeverkauf. Allerdings kann sich der Verkäufer im Falle der unterbliebenen Benachrichtigung schadenersatzpflichtig machen (§ 373 Abs. 3 HGB).

Rechtsfolge des wirksamen Selbsthilfeverkaufes:
- Der wirksame Selbsthilfeverkauf bewirkt eine Erfüllung gegenüber dem Käufer (§ 373 Abs. 3 HGB).
- Der Verkäufer wird von seiner Lieferpflicht frei. Er ist verpflichtet, dem Käufer den Erlös herauszugeben (§ 667 BGB) und kann von diesem Ersatz seiner Aufwendungen und den Kaufpreis verlangen (§ 670 BGB).

Fall 6 (ca. 2 Stunden)

Tabakimporteur V verkauft dem Zigarettenfabrikanten K Tabak für 20.000 €. Kurz vor dem vereinbarten 61
Liefertermin teilt K dem V mit, dass er den bestellten Tabak nicht mehr benötige. Er bittet deshalb, von der Lieferung abzusehen. V besteht auf Vertragserfüllung und droht dem K die Durchführung des Selbsthilfeverkaufs an. Als K dennoch die Annahme ablehnt, beauftragt V den Gerichtsvollzieher Z mit der öffentlichen Versteigerung, ohne K hiervon zu benachrichtigen. K, der zwischenzeitlich einen Abnehmer für den Tabak gefunden hat, verlangt nach durchgeführter Versteigerung von V dennoch Lieferung des Tabaks.

Zu Recht?

Lösung:

Ein Lieferanspruch des K kann sich aus § 433 Abs. 1 BGB ergeben.

Dies setzt voraus, dass V und K einen Kaufvertrag geschlossen haben. Nach dem Sachverhalt ist das der Fall.

Der Anspruch des K könnte jedoch durch Erfüllung gem. § 362 BGB erloschen sein.

Erfüllung nach § 362 BGB setzt voraus, dass der V die nach dem Kaufvertrag geschuldete Leistung an den K erbracht hat. Dies ist nicht der Fall.

Ein Erlöschen durch Erfüllung wäre jedoch auch dann eingetreten, wenn der von V durchgeführte Selbsthilfeverkauf Erfüllungswirkung gegenüber K hat. Nach § 373 Abs. 3 HGB erfolgt der Selbsthilfeverkauf „für Rechnung des säumigen Käufers“. Daraus folgt, dass die Durchführung des Selbsthilfeverkaufs eine Erfüllung des Kaufvertrages durch den Verkäufer darstellt. Ein ordnungsgemäßer Selbsthilfeverkauf führt also nach § 362 BGB zu einem Erlöschen des Lieferanspruchs des K.

Es müsste ein ordnungsgemäßer Selbsthilfeverkauf durch V vorliegen.

Dies ist dann der Fall, wenn die in § 373 HGB für den Selbsthilfeverkauf aufgestellten Voraussetzungen erfüllt sind.

Erste Voraussetzung des § 373 HGB ist, dass ein Handelskauf vorliegt, wobei ein einseitiger Handelskauf ausreicht. Hier waren beide Parteien Kaufleute gem. § 1 Abs. 2 HGB. Das Geschäft gehörte auch jeweils zum Betriebe ihres Handelsgewerbes (§§ 343, 344 HGB).

Weiterhin müsste sich K in Annahmeverzug befunden haben. Die Voraussetzungen des Annahmeverzuges richten sich nach den §§ 293 ff. BGB.

Dem K stand ein durch V erfüllbarer Anspruch aus § 433 Abs. 1 BGB zu.

Ein tatsächliches Angebot des V gem. § 294 BGB ist nicht erfolgt. Hier war jedoch gem. § 295 BGB auch ein wörtliches Angebot ausreichend, da K die Annahme endgültig verweigert hatte. Ein derartiges wörtliches Angebot des V liegt vor. Also befindet sich K in Annahmeverzug.

Nach § 373 Abs. 2 HGB müsste V den Selbsthilfeverkauf rechtzeitig angedroht haben, was nach dem Sachverhalt zu bejahen ist.

Der Selbsthilfeverkauf muss ordnungsgemäß durchgeführt worden sein. Dies ist dann der Fall, wenn entweder eine öffentliche Versteigerung durch einen Gerichtsvollzieher oder durch eine andere zur Versteigerung befugte Person (§§ 373 Abs. 2 Satz 1 1. Halbsatz HGB, 383 Abs. 3 BGB) oder ein freihändiger Verkauf durch einen dazu öffentlich ermächtigten Handelsmakler oder durch eine zur Versteigerung befugte Person, sofern die Ware einen Börsen- oder Marktpreis hat (§ 373 Abs. 2 Satz 1, 2. Halbsatz HGB), erfolgte. Hier hat V den Weg der öffentlichen Versteigerung durch einen Gerichtsvollzieher gewählt.

V war außerdem verpflichtet, den K über Zeit und Ort der Versteigerung vorher zu informieren (§ 373 Abs. 5 Satz 1, 1. Halbsatz, Abs. 5 Satz 3 HGB). Diese Benachrichtigung hat V ebenso unterlassen wie die hier ebenfalls nicht erfolgte unverzügliche Benachrichtigung vom vollzogenen Verkauf nach § 373 Abs. 5 Satz 1, 2. Halbsatz HGB. Diese Benachrichtigungen sind jedoch keine Gültigkeitsvoraussetzungen für den Selbsthilfeverkauf (Hopt/Leyens, HGB, § 373 Rn. 6). Sie begründen im Falle ihres Unterlassens allenfalls eine Schadensersatzpflicht des Verkäufers (§ 373 Abs. 5 Satz 2 HGB). Daher sind die Voraussetzungen für einen wirksamen Selbsthilfeverkauf gegeben.

Der ordnungsgemäß nach § 373 HGB durchgeführte Selbsthilfeverkauf erfolgte in Erfüllung des bestehenden Kaufvertrages.

V wurde damit durch den Selbsthilfeverkauf von seiner Lieferschuld gegenüber dem K frei. K hat keinen Lieferungsanspruch gegen V.

3. Ansprüche wegen Fixhandelskaufs (§ 376 HGB)

62 Wenn der Schuldner nicht rechtzeitig leistet, so stehen dem Gläubiger Ansprüche aus Verzug gem. §§ 286, 323 BGB zu. Der Eintritt des Verzuges setzt dabei grundsätzlich eine Mahnung des Schuldners durch den Gläubiger voraus (§ 286 Abs. 1 BGB).
Der Schuldner kommt ohne Mahnung in Verzug, wenn eine Leistungszeit nach dem Kalender bestimmt ist und der Schuldner zu der bestimmten Zeit nicht leistet (§ 286 Abs. 2 BGB). Der Schuldner einer Geldforderung kommt spätestens in Verzug, wenn er nicht innerhalb von 30 Tagen nach Fälligkeit und Zugang einer Rechnung leistet.
Neben diesen Verzugsregelungen kann es Fälle geben, in denen die Einhaltung des Zeitpunktes der Lieferung entscheidend für das ganze Geschäft sein soll. In diesen Fällen spricht man von einem (relativen) Fixgeschäft. Fixgeschäft bedeutet also: Nach dem Willen der Parteien ist die Erfüllungszeit ein so wesentlicher Bestandteil des Geschäftes, dass mit deren Einhaltung und Verabsäumung das gesamte Geschäft stehen und fallen soll. Diese relativen Fixgeschäfte sind begrifflich von den absoluten Fixgeschäften zu unterscheiden, die sich dadurch auszeichnen, dass der Leistungsgegenstand durch den Termin selbst bestimmt wird und nach dessen Ablauf wegen Unmöglichkeit wegfällt (Beispiel etwa die Hochzeitstorte). Nachfolgend geht es aber um relative Fixgeschäfte.

63 **Übersicht 20**

Ansprüche wegen Fixhandelskaufs

Der Fixhandelskauf nach § 376 HGB hat folgende Voraussetzungen:

1. Handelskauf (§§ 343, 344 HGB)
   - Notwendig, aber auch hinreichend ist ein einseitiger Handelskauf aufseiten des Schuldners.
2. Verzug des Schuldners (§§ 286, 323 BGB)
   - Wegen der Einzelheiten des Verzuges kann auf die obigen Ausführungen verwiesen werden.
3. Leistungserbringung zu einem genau („fix") bestimmten Zeitpunkt oder Zeitraum
   - Die Vertragsparteien müssen vereinbart haben, dass ein Vertragspartner genau zu einer fest bestimmten Zeit oder innerhalb einer fest bestimmten Frist leisten soll. Diese Leistungszeitvereinbarung muss ein so wesentlicher Vertragsbestandteil sein, dass mit ihrer Einhaltung oder Versäumung der ganze Vertrag steht oder fällt. Es genügt also nicht die Vereinbarung eines Kalendertages i. S. d. § 286 Abs. 2 Nr. 1 BGB. Vielmehr muss sich klar ergeben, dass der Gläubiger an einer späteren Leistung kein Interesse mehr hat. Dazu werden Klauseln wie „fix", „genau" oder „prompt" verwandt.

Wird die „fix" zu erbringende Leistung nicht rechtzeitig erbracht, so gilt:

- § 376 Abs. 1 HGB gibt dem Gläubiger alleine aufgrund der Säumnis des Schuldners ein Rücktrittsrecht.
- Der Erfüllungsanspruch bleibt dem Gläubiger nur bei sofortiger Anzeige erhalten (§ 376 Abs. 1 Satz 2 HGB).
- Neben dem Rücktrittsrecht gewährt § 376 HGB auch einen Schadensersatzanspruch. Dieser setzt Verzug des Schuldners voraus.

4. Ansprüche wegen nicht ordnungsgemäßer Lieferung einer Kaufsache (§ 377 HGB)

64 § 377 HGB belastet den Käufer mit einer Rügeobliegenheit, sofern die gekaufte Ware mit einem Sachmangel behaftet ist. Der Sachmangel ist in § 434 BGB geregelt (gem. § 435 BGB werden Sach- und Rechtsmängel gleichgestellt). Ein solcher Mangel liegt nach § 434 Abs. 3 BGB auch vor, wenn

- eine andere als die vereinbarte Ware geliefert (Falschlieferung) oder
- eine geringere als die vereinbarte Menge geliefert wird (Mengenfehler).

Dabei bedeutet der Begriff Obliegenheit, dass der Käufer zur Untersuchung und Rüge nicht verpflichtet ist. Wenn er dies unterlässt, verliert er jedoch seine Ansprüche aus §§ 437 ff. BGB (§ 377 Abs. 1 HGB).

Übersicht 21 65

Voraussetzungen der Rügepflicht

Rügepflicht § 377 HGB
Voraussetzungen
1. zweiseitiger Handelskauf
   - Handelskauf §§ 343, 344 HGB
   - zwischen Kaufleuten
2. Ablieferung der Ware
3. nicht ordnungsgemäße Lieferung (zum neuen Mangelbegriff des BGB seit Umsetzung der WKRL zum 1.1.2022, BGBl. 2021 I 2133 siehe Lorenz, NJW 2021, 2065)
   - § 377 Abs. 1 HGB: Schlechtleistung i. S. d. § 434 ff. BGB

Obwohl die Falschlieferung (Aliud) eigentlich kein Mangel der Sache ist, wird diese der Schlechtlieferung gleichgestellt. Voraussetzung ist, dass der Verkäufer die Leistung als Erfüllung seiner Vertragspflicht erbringt und dies dem Käufer erkennbar ist. Wie sehr das Aliud von der vereinbarten Ware abweicht, ob die Falschlieferung also genehmigungsfähig ist oder nicht, wird nicht (mehr) berücksichtigt (vgl. Hopt/Leyens, HGB, § 377 Rn. 16).

Der Erfüllungsanspruch bleibt bestehen, bei Nichterfüllung können die Einreden gem. §§ 320 ff. BGB geltend gemacht werden.

Übersicht 22

Voraussetzungen einer ordnungsgemäßen Rüge und Rechtsfolgen einer nicht ordnungsgemäßen Rüge

Eine ordnungsgemäße Rüge erfordert:
1. inhaltlich: Art und Umfang des konkreten Mangels müssen genau bezeichnet werden.
2. zeitlich: unverzüglich (Absendung reicht, § 377 Abs. 4 HGB)
   - offene Mängel: nach Ablieferung, § 377 Abs. 1 HGB
   - Als offener Mangel zählt auch ein solcher, der durch Stichproben hätte entdeckt werden können. Zu fragen ist, ob bei einer verkehrsüblichen Untersuchung der Mangel dem Käufer als ordentlicher Kaufmann erkennbar war (zur Art und Weise der Untersuchung Hopt/Leyens, HGB, § 377 Rn. 25)
   - versteckte Mängel: nach Erkennbarkeit, § 377 Abs. 3 HGB

Rechtsfolgen:
1. keine oder nicht ordnungsgemäße Rüge
   a) Genehmigungsfiktion, § 377 Abs. 2 und Abs. 3 HGB
   b) Käufer verliert Rechte aus §§ 437 ff. BGB (keine Anwendung im Hinblick auf unerlaubte Handlungen)
   c) bei wertvollerem Aliud: höherer Kaufpreis
   d) bei minderwertigerem Aliud: vereinbarter Kaufpreis
   e) bei Zuviellieferung: Zahlung des Mehrpreises
   f) bei Zuweniglieferung: grds. voller Kaufpreis; keine Nachlieferung
2. ordnungsgemäße Rüge
   a) §§ 437 ff. BGB bei Schlechtlieferung
   b) bei Zuviellieferung: Zurückweisung
   c) bei Zuweniglieferung: Zurückweisung (§ 266 BGB) und Volllieferung

Fall 7 (ca. 2 Stunden)

K vereinbarte mit V, dass V 200 Kartons Suppenpulver zum Preis von 1.000 € bei K anliefern solle. Beide Vertragsparteien sind Kaufleute. Einen Tag nach der Anlieferung der Ware bei K erfuhr dieser von der zuständigen Gesundheitsbehörde, dass gegen die chemische Zusammensetzung dieses Pulvers Bedenken bestünden. Trotzdem ließ K das Pulver erst 3 Wochen nach dieser Mitteilung untersuchen. Der Befund ergab, dass die Ware mangelhaft war. Nunmehr verlangt K von V Lieferung mangelfreier Ware (nach RGZ 99, 247; siehe auch K. Schmidt, Unternehmensrecht I, § 29 III 5.b Rn. 86). *Zu Recht?* 66

Lösung:

K könnte gegen V einen Anspruch auf Nacherfüllung gem. § 439 Abs. 1 BGB haben. Dieser Anspruch gibt ein Wahlrecht zwischen Fehlerbeseitigung und Lieferung einer mangelfreien Sache. K macht hier von der 2. Alternative Gebrauch.

Dann müsste zwischen den Vertragsparteien ein Kaufvertrag abgeschlossen worden sein und V müsste eine mangelhafte Sache geliefert haben. V hat dem K in Erfüllung des wirksamen Kaufver-

trages Sachen geliefert, die Mängel aufweisen. Da im vorliegenden Fall eine Vereinbarung über die Beschaffenheit nicht getroffen wurde, ist die Ware dann mangelhaft, wenn sie sich für die gewöhnliche Verwendung nicht eignet (§ 434 Abs. 1 Nr. 2 BGB). Die vom Gesundheitsamt geäußerten Bedenken über die chemische Zusammensetzung sind als Beschaffenheitsmangel anzusehen.

Einer Anspruchsdurchsetzung könnte aber die Genehmigungsfiktion des § 377 Abs. 2 HGB entgegenstehen, sodass der an sich bestehende Mangel nicht mehr geltend gemacht werden dürfte. Dann müssten V und K im Rahmen eines zweiseitigen Handelskaufs (§ 377 Abs. 1 HGB) ein Handelsgeschäft abgeschlossen haben (§§ 343, 344 HGB). Sowohl V als auch K sind Kaufleute und wurden im Rahmen ihrer Handelsgeschäfte tätig. K hat die von V angelieferte Ware unverzüglich zu prüfen und, bei einem offenen Mangel, auch unverzüglich zu rügen. Hier war der Mangel zunächst versteckt, also auch für einen ordentlichen Kaufmann nicht zu erkennen. Allerdings hat sich dieser Mangel später, und zwar nach der Untersuchung des Gesundheitsamtes, gezeigt. Hält man sich an den Wortlaut des § 373 Abs. 3 HGB, besteht die Pflicht zur unverzüglichen Anzeige erst nach der Entdeckung. Auf diesen Fall bezogen hieße das, dass die Genehmigungsfiktion erst nach Vorliegen der Untersuchungsergebnisse eintreten könnte.

Dann aber bliebe der frühzeitige Hinweis des Gesundheitsamtes schon einen Tag nach der Anlieferung des Suppenpulvers völlig unberücksichtigt. Das Reichsgericht hat aber zu Recht darauf hingewiesen, dass es mit dem Grundsatz von Treu und Glauben nicht vereinbar sei, wenn trotz genügender tatsächlicher Anhaltspunkte für das Vorhandensein verborgener Mängel alleine auf die endgültige Feststellung abgestellt würde. Vielmehr sei § 373 Abs. 3 HGB so auszulegen, dass die Ware hinsichtlich derjenigen verborgenen Mängel als genehmigt gilt, die der Käufer nicht unverzüglich angezeigt hat, sobald er sie nach dem Auftreten geeigneter Anhaltspunkte durch eine ordnungsgemäße Untersuchung feststellen konnte.

Da K das Untersuchungsergebnis abgewartet hat und dieses Gutachten erst 3 Wochen nach dem Hinweis des Gesundheitsamts in Auftrag gegeben wurde, tritt im vorliegenden Falle die Genehmigungsfiktion ein. Der Anspruch auf Nacherfüllung kann von K gegenüber V somit nicht geltend gemacht werden.

67 **Vertiefungshinweise**

§ 377 HGB ist abdingbar. Die **Rügepflicht** kann durch Individualvereinbarungen **gemildert** oder ganz **aufgehoben** werden. Auch in Allgemeinen Geschäftsbedingungen kann eine Änderung vorgenommen werden, etwa durch die Verlängerung der Prüf- und Rügepflicht. Die Verschärfung der Rügeobliegenheit über die gesetzliche Regelung hinaus, zumal durch Allgemeine Geschäftsbedingungen (z. B. „Rüge nur im Zeitpunkt der Ablieferung" ohne Rücksicht auf die Erkennbarkeit) ist gem. § 307 BGB deshalb unwirksam, weil diese Regelung zum Ausschluss jeder Haftung für verborgene Mängel führen und somit eine unangemessene Benachteiligung des Käufers darstellen würde. Weiterhin sind Handelsbräuche zu berücksichtigen (vgl. Hopt/Leyens, HGB, § 377 Rn. 56).

„Just-in-time"-Vereinbarungen und Qualitätssicherungsvereinbarungen können je nach Ausgestaltung zum Ausschluss der Rügeobliegenheit nach § 377 HGB führen. Dahinter steht die Überlegung, dass bei streng arbeitsteiliger Produktion Produzenten, Zulieferer und Händler geradezu auf rechtzeitige und fehlerfreie Anlieferung angewiesen sind. Da eine abweichende Vereinbarung im Hinblick auf § 377 HGB zulässig ist, wird davon regelmäßig in der Weise Gebrauch gemacht, dass der Käufer als Empfänger der Ware von der unverzüglichen Prüf- und Rügeobliegenheit freigestellt wird. Denn es sei Sache des Herstellers oder Zulieferers, fehlerfrei zu liefern. Der Empfänger der Ware verarbeite diese oftmals unverzüglich weiter und habe somit keine Untersuchungsmöglichkeit mehr. Damit führen insbesondere die Qualitätssicherungsvereinbarungen tendenziell zur Verschiebung der gesetzestypischen Verkäufer- und Käuferpflichten zulasten des Lieferanten (vgl. K. Schmidt, Unternehmensrecht I, § 29 II 5, Rn. 27 ff.).

VI. Ansprüche aus besonderen Handelsgeschäften

1. Ansprüche aus dem Kommissionsgeschäft (§§ 383–406 HGB)

68 Nach § 383 HGB ist Kommissionär, wer es gewerbsmäßig übernimmt, Waren oder Wertpapiere für Rechnung eines anderen (des Kommittenten) im eigenen Namen zu kaufen oder zu verkaufen.

Die §§ 383 ff. HGB gelten auch

- bei Werklieferungsverträgen über nicht vertretbare Sachen, §§ 406 Abs. 2 HGB, 651 Abs. 1 BGB
- bei der Geschäftsbesorgungskommission, § 406 Abs. 1 Satz 1 HGB

Beispiel:

Kommissionär K schließt im eigenen Namen für Rechnung eines Kunden einen Transportvertrag.
- bei der Gelegenheitskommission, § 406 Abs. 1 Satz 2 HGB

a) Provisionsanspruch des Kommissionärs (§ 396 Abs. 1 HGB)

Übersicht 23 69

Provisionsanspruch des Kommissionärs

Ein Provisionsanspruch besteht bei Vorliegen folgender Voraussetzungen:

1. Kommissionsvertrag
   - Dieser Vertrag wird zwischen dem Kommittenten (Auftraggeber) und Kommissionär (Auftragnehmer) geschlossen. Im Gegensatz zum Handelsvertreter, Vertragshändler oder Franchisenehmer gibt es keine ständige Beauftragung („Betrauung"). Anders ist dies allerdings beim Kommissionsagent. Dieser wird als Absatzmittler von einem Auftraggeber (Unternehmer) ständig mit der Vermittlung von Geschäften betraut. Im Rahmen des Ausführungsgeschäfts findet Kommissionsrecht Anwendung, im Verhältnis zum Unternehmer gelten einige Regelungen des Handelsvertreterrechts (vergleichbar dem Vertragshändler, also §§ 89, 89 a und 89 b HGB).
2. Abschluss und Durchführung des Ausführungsgeschäfts
   - Der Anspruch entsteht bereits mit dem Abschluss des Ausführungsgeschäfts, aufschiebend bedingt durch die Erfüllung seitens des Dritten. Auch wenn das Geschäft nicht zur Ausführung gekommen ist, kann dieser Anspruch dann bestehen, wenn es ortsgebräuchlich ist. Der Anspruch besteht auch dann, wenn die Ausführung des vom Kommissionär geschlossenen Geschäfts nur aus einem in der Person des Kommittenten liegenden Grundes unterblieben ist.

b) Anspruch des Kommissionärs auf Aufwendungsersatz (§ 396 Abs. 2 HGB)

Ein Aufwendungsersatzanspruch setzt voraus:

Übersicht 24 70

Aufwendungsersatzanspruch des Kommissionärs

1. Kommissionsvertrag
2. Aufwendungen des Kommissionärs.
   - Dies sind solche Aufwendungen, die der Kommissionär den Umständen nach für erforderlich halten darf (§§ 670, 675 BGB). Dazu zählen auch die Vergütungen für die Benutzung der Lagerräume und der Beförderungsmittel des Kommissionärs (§ 396 Abs. 2 HGB).

c) Herausgabeanspruch des Kommittenten (§ 384 Abs. 2 HGB)

Übersicht 25 71

Herausgabeanspruch des Kommittenten gegen den Kommissionär

1. Kommissionsvertrag
2. Abschluss und Durchführung des Ausführungsgeschäfts.
   - Zu Eigentum erworbene Gegenstände müssen vom Kommissionär auf den Kommittenten übereignet werden. Forderungen des Kommissionärs gegen den Dritten müssen an den Kommittenten abgetreten werden (vgl. auch § 392 Abs. 1 HGB).

Fall 8 (ca. 2 Stunden)

Kunstsammler K sieht sich wegen seiner angespannten finanziellen Situation gezwungen, ein wertvolles 72
Gemälde aus seiner Sammlung zu veräußern. Er wendet sich an den gewerbsmäßig tätigen Auktionator A und beauftragt diesen, das Bild in eigenem Namen (K möchte selbst nicht in Erscheinung treten) und

mit einem Betrag von mindestens 30.000 € zu veräußern. Schon nach kurzer Zeit findet A einen Käufer D, der zwar eine Anzahlung in Höhe von 5.000 € leistet, den Restbetrag von 25.000 € aber schuldig bleibt. A, der sich selbst auch in Zahlungsschwierigkeiten befindet, gibt trotz eindringlicher Aufforderung den Teilbetrag von 5.000 € nicht an K heraus. Die Restforderung von 25.000 € tritt A an seinen Gläubiger G zur Begleichung einer Darlehensschuld ab. Nach entsprechender Mitteilung an D von der Abtretung zahlt D an den gutgläubigen G den Betrag von 25.000 €.

Welche Ansprüche hat K?

Lösung:

1. K könnte zunächst hinsichtlich 5.000 € einen Herausgabeanspruch gegen A aus § 384 Abs. 2 HGB haben.

Dann müsste zwischen K und A ein Kommissionsvertrag (gem. § 384 HGB) zustande gekommen sein. A betätigt sich gewerbsmäßig mit Versteigerungsgeschäften, womit aber auch solche Tätigkeiten abgedeckt sind, die die Veräußerung (auch nicht vertretbarer) beweglicher Sachen (Waren) in eigenem Namen und auf fremde Rechnung betreffen. Gerade die Angabe des Mindestverkaufspreises und der Hinweis auf das Verkaufsgeschäft als Ausführungsgeschäft sprechen für den Abschluss eines Kommissionsvertrages. Jedenfalls ist A als Gelegenheitskommissionär nach § 406 Abs. 1 Satz 2 HGB anzusehen, für den die oben genannte Anspruchsgrundlage auch zur Anwendung kommt.

Dann aber hat A an K den aus dem Veräußerungsgeschäft erzielten Verkaufspreis und damit auch die Teilzahlung in Höhe von 5.000 € herauszugeben.

2 K könnte zudem auch gegen G einen Herausgabeanspruch hinsichtlich des Betrages von 25.000 € gem. § 816 Abs. 2 BGB haben.

Dann müsste G den genannten Betrag als Nichtberechtigter erhalten haben, K müsste Berechtigter sein. G ist dann Nichtberechtigter, wenn die Forderungsabtretung zwischen A und G dem K gegenüber unwirksam war. Da zwischen K und A ein Kommissionsvertrag wirksam abgeschlossen wurde, greift § 392 Abs. 2 HGB, der den Kommittenten vor Zwangsvollstreckungsmaßnahmen eines Gläubigers des Kommissionärs schützt (siehe Hopt/Kumpan, HGB, § 392 Rn. 6 ff). Obwohl A den Kaufpreiszahlungsanspruch gegen D noch nicht an K abgetreten hatte, gilt eine solche Forderung im Verhältnis zwischen K und A sowie G als Forderung des K. Folglich ist G Nichtberechtigter, dagegen K Berechtigter.

Weiterhin müsste die Zahlung des D an G gegenüber K wirksam gewesen sein, denn nur dann ist G (zu Unrecht) bereichert. D hat in der Tat mit erfüllender Wirkung an G leisten können, da gegenüber D die Schutzregelung des § 392 Abs. 2 HGB nicht greift, was aus der Formulierung „im Verhältnis zwischen dem Kommittenten und dem Kommissionär oder dessen Gläubiger" folgt. Aus Sicht des D war also die Zahlung von 25.000 € an G rechtswirksam.

Daraus folgt, dass K gegen G Anspruch auf Zahlung der 25.000 € hat.

2. Ansprüche aus dem Frachtgeschäft (§§ 407–452 HGB)

a) Vergütungsanspruch des Frachtführers (§ 407 Abs. 2 HGB)

73 § 407 HGB enthält die Legaldefinition des Frachtvertrages. Hauptpflicht des Frachtführers ist die gewerbliche Beförderung des Gutes zu einem Bestimmungsort und die dortige Ablieferung (§ 407 Abs. 1 HGB). Erfasst sind die Beförderung zu Lande, auf Binnengewässern oder mit Luftfahrzeugen (§ 407 Abs. 3 HGB, zum Seehandel siehe §§ 476–905 HGB).

Primärpflicht des Absenders ist es dann, dem Frachtführer die vereinbarte Vergütung zu zahlen (§ 407 Abs. 2 HGB).

b) Die verschuldensunabhängigen Ansprüche des Frachtführers gegenüber dem Absender (§ 414 Abs. 1 HGB)

Übersicht 26 74

Ansprüche des Frachtführers gegen den Absender

Der Frachtführer hat einen verschuldensunabhängigen Anspruch auf Schaden- und Aufwendungsersatz in folgenden Fällen:

1. Frachtvertrag zwischen Absender und Frachtführer
   - Der Anspruch besteht nur innerhalb gewisser Höchstgrenzen (8,33 Rechnungseinheiten für jedes Kilogramm des Rohgewichts der Sendung).
2. Ungenügende Verpackung oder Kennzeichnung
3. Unrichtigkeit oder Unvollständigkeit der in dem Frachtbrief aufgenommenen Angaben
4. Unterlassen der Mitteilung der Gefährlichkeit des Gutes oder
5. Fehlen, Unvollständigkeit oder Unrichtigkeit der in den Begleitpapieren (§ 413 HGB) vorzunehmenden Angaben

c) Die verschuldensunabhängigen Ansprüche des Absenders gegenüber dem Frachtführer (§ 425 Abs. 1 HGB)

Übersicht 27 75

Ansprüche des Absenders gegen den Frachtführer

Nachfolgende Voraussetzungen sind zu prüfen:

1. Frachtvertrag zwischen Absender und Frachtführer
   - Anspruchsberechtigt ist auch der Empfänger gemäß § 421 Abs. 1 Satz 2 HGB. Daneben bleibt der Absender zur Anspruchsgeltendmachung befugt.
2. Verlust oder Beschädigung des Gutes
   - Dies bezieht sich auf die Zeit von der Übernahme zur Beförderung bis zur Ablieferung oder Überschreiten der Lieferfrist. Wird der Verlust oder die Beschädigung des Gutes nicht rechtzeitig angezeigt, so wird die Ablieferung in vertragsgemäßem Zustand vermutet (§ 438 Abs. 1 HGB). Ist der Verlust oder die Beschädigung äußerlich erkennbar, hat die Anzeige spätestens bei Ablieferung des Gutes zu erfolgen, in anderen Fällen innerhalb von sieben Tagen nach Ablieferung (§ 438 Abs. 2 HGB).
3. Die Haftung ist verschuldensunabhängig
   - Der Frachtführer hat Handlungen und Unterlassungen „seiner Leute" im gleichen Umfang zu vertreten wie eigenes Verhalten (§ 428 HGB). Haftungsbefreiung erfolgt dann, wenn der Verlust, die Beschädigung oder die Überschreitung der Lieferfrist auf Umständen beruht, die auch bei größter Sorgfalt nicht zu vermeiden waren (§ 426 HGB). Des Weiteren gibt es noch Haftungsausschlussgründe, wie etwa die ungenügende Verpackung oder Kennzeichnung der Frachtstücke durch den Absender (§ 427 HGB).

Rechtsfolge der zuvor dargestellten Ansprüche ist die Verpflichtung zum Schadenersatz. Daneben gibt es noch den verschuldensabhängigen Schadenersatzanspruch gemäß § 435 HGB.

Fall 9 (ca. 2 Stunden)

V versendet auf Verlangen des K zu Erfüllung des zwischen diesen geschlossenen Kaufvertrages die ordentlich verpackte Ware an K. Nachdem das Paket dem Frachtführer F bereits ausgehändigt worden war, wurde es beschädigt. *Wie ist die Rechtslage?* 76

Die Fragestellung verlangt vom Bearbeiter, sämtliche Ansprüche aller Beteiligten untereinander zu prüfen.

Lösung:

(1) Anspruch des V gegen K

V könnte gegen K Anspruch auf Zahlung des Kaufpreises gem. § 433 Abs. 2 BGB haben.

Dann müsste ein Kaufvertrag zwischen V und K geschlossen worden sein, was hier zu bejahen ist.

K könnte die anspruchsvernichtende Einwendung der Unmöglichkeit geltend machen (§ 326 Abs. 1 i. V. m. § 275 Abs. 1 BGB). Bräuchte der Schuldner (der Lieferung der Ware) V wegen ein-

getretener Unmöglichkeit nicht mehr zu leisten, so würde auch der Anspruch auf die Gegenleistung (Kaufpreiszahlung) entfallen (§ 326 Abs. 1 BGB).

Beim Versendungskauf – wie hier vereinbart – geht aber die Gefahr des zukünftigen Untergangs (Beschädigung) der Ware vom Verkäufer auf den Käufer über, sobald der Verkäufer die Sache dem Spediteur oder Frachtführer ausgeliefert hat (§ 447 Abs. 1 BGB). Da V dem F die Ware aushändigte, hat V bereits seine vertraglichen Pflichten erfüllt, sodass dem K keine rechtsvernichtenden Einwendungen zustehen.

V kann von K Zahlung des Kaufpreises verlangen.

(2) Anspruch des V gegen F auf Schadensersatz

V könnte gegen F einen Anspruch auf Schadensersatz gem. § 425 Abs. 1 HGB haben.

Dann müssten V als Absender und F als Frachtführer einen Frachtvertrag geschlossen haben, was vorliegend zu bejahen ist.

Im Rahmen der Beförderung, also nach der Übernahme der Ware von V, müsste diese beschädigt worden sein. Auch dies ergibt sich eindeutig aus dem Sachverhalt.

Weiterhin ist kein Verhalten des V ersichtlich, welches auf die Beschädigung Einfluss genommen hat. Da V die Ware ordnungsgemäß verpackt hat, greift auch kein Ausschlussgrund (§ 427 HGB). Dann aber ist ein verschuldensunabhängiger Anspruch auf Ersatz des Schadens gegen F entstanden.

Auf das Verschulden des F kommt es nicht an.

Allerdings hat die Lösung zu (1) gezeigt, dass bei V kein Schaden eingetreten ist, denn er hat trotz der Beschädigung der Ware auf dem Transportweg weiterhin den Kaufpreiszahlungsanspruch.

Dann aber hat V gegen F keinen (eigenen) Schadensersatzanspruch.

Beachte:

Auch evtl. Ansprüche aus unerlaubter Handlung gem. § 823 Abs. 1 BGB scheitern aus diesem Grund.

(3) Anspruch des K gegen F auf Schadensersatz

K könnte gegen F einen Anspruch auf Schadensersatz gem. § 421 Abs. 1 Satz 2 HGB haben.

Zwar wurde zwischen K und F kein Frachtvertrag geschlossen, K ist aber Empfänger des zwischen V und F geschlossenen Frachtvertrages. Dann aber hat K gegen F einen Anspruch auf Schadensersatz aus abgeleitetem Recht gem. § 421 Abs. 1 Satz 2 HGB. Hinsichtlich der weiteren Voraussetzungen wird auf die Ausführungen zu (2) verwiesen. K selbst hat einen Schaden erlitten, da er zur Kaufpreiszahlung weiterhin verpflichtet ist, obwohl er lediglich beschädigte Ware erhält.

Anm.: Zu demselben Ergebnis kommt man nach der höchstrichterlichen Rechtsprechung zum BGB.

Beachte:

Der Anspruch des Absenders V gegen F ergibt sich dann aus der sog. **Drittschadensliquidation** (BGH NJW 1998, 1864). V wird also der Schaden des K zugerechnet. Diesen seinen Anspruch gegen F muss V nach §§ 275 Abs. 1, 285 BGB als stellvertretendes Kommodum für die zerstörte Ware an K abtreten.

3. Ansprüche aus dem Speditionsgeschäft (§§ 453–466 HGB)

77 Durch den **Speditionsvertrag** verpflichtet sich der Spediteur, die Versendung des Gutes zu besorgen (§ 453 Abs. 1 HGB). Der Spediteur führt die Beförderung grundsätzlich nicht selbst aus, sondern überlässt dies dem Frachtführer, mit dem er im eigenen Namen Frachtverträge abschließt. Aufgrund dieser Situation entspricht die Rechtsstellung des Spediteurs weitgehend der des Kommissionärs. Mit seinem Auftraggeber, dem Versender, schließt er den Speditionsvertrag (als Abwicklungsgeschäft), mit dem Frachtführer bestehen die Pflichten aus dem Frachtvertrag (Ausführungsgeschäft).

Aufgrund der Besorgung der Versendung besteht der Vergütungsanspruch des Spediteurs.

Zu beachten ist, dass der vom Spediteur beauftragte Frachtführer kein Erfüllungsgehilfe ist.

Im Übrigen haftet der Spediteur wie ein Frachtführer (§ 461 HGB).

4. Ansprüche aus dem Lagergeschäft (§§ 467–475 h HGB)

Durch den **Lagervertrag** wird der Lagerhalter verpflichtet, das Gut zu lagern und aufzubewahren. Der Einlagerer ist zu unterrichten, wenn nach der Einlagerung Veränderungen an dem Gut entstanden oder zu befürchten sind (§ 471 Abs. 2 HGB). Im Gegenzug treffen den Einlagerer Hinweis- und Unterrichtungspflichten, wenn gefährliches Gut eingelagert werden soll (§ 468 HGB). 78

Der Lagerhalter hat gegenüber dem Einlagerer Anspruch auf Zahlung der vereinbarten Vergütung (§ 467 Abs. 2 HGB).

Ein Aufwendungsersatzanspruch des Lagerhalters folgt aus § 474 HGB.

Schließlich ist auf den Anspruch des Einlagerers gegen den Lagerhalter für den Schaden, der durch Verlust oder Beschädigung des Gutes entsteht, hinzuweisen (§ 475 HGB)

D. Glossar Gesellschaftsrecht

79 **Actio pro socio**

Siehe *Gesellschafterklage.*

Aktie

Die Aktie ist die wertpapiermäßige Verbriefung des Mitgliedschaftsrechts an einer *Aktiengesellschaft.*

Aktiengesellschaft (AG)

Die Aktiengesellschaft ist eine Handelsgesellschaft mit eigener Rechtspersönlichkeit und einem in Aktien zerlegten Grundkapital, für deren Verbindlichkeiten den Gläubigern nur das Gesellschaftsvermögen haftet (vgl. §§ 1, 3 Abs. 1 AktG).

Aktiengesellschaft, Geschäftsführung

Als das Leitungsorgan der Aktiengesellschaft führt der Vorstand die Geschäfte (§ 76 AktG). Die Geschäftsführung umfasst den gesamten Geschäftsbereich der Gesellschaft. Sie wird durch die Satzung bestimmt. Nach § 77 Abs. 1 S. 1 AktG gilt bei mehrgliedrigem Vorstand dispositiv Gesamtgeschäftsführungsbefugnis.

Aktiengesellschaft, Gründung

Die Gründung einer Aktiengesellschaft vollzieht sich in mehreren Abschnitten. Das Gründungsverfahren ist in den §§ 23 ff. AktG genau geregelt. Die Gründung beginnt mit der Feststellung der Satzung durch Abschluss eines Vertrages zwischen den Gründern (§§ 2, 23 AktG) und endet mit der Eintragung in das Handelsregister (§§ 38 f. AktG).

Aktiengesellschaft, Haftung

Aus der der Aktiengesellschaft in § 1 Abs. 1 S. 1 AktG eingeräumten Rechtsfähigkeit folgt zugleich die vom Gesetzgeber in § 1 Abs. 1 S. 2 AktG getroffene Feststellung, dass den Gläubigern der Aktiengesellschaft für die Verbindlichkeiten der Gesellschaft nur das Gesellschaftsvermögen haftet. Eine persönliche Haftung der Gesellschafter (Aktionäre) besteht daneben nicht.

Aktiengesellschaft, Organe

Da die Aktiengesellschaft als juristische Person nicht selbst handeln kann, benötigt sie Organe. Das AktG schreibt zwingend folgende Organe vor: den Vorstand (§§ 76–94 AktG) als Leitungsorgan der Gesellschaft, den Aufsichtsrat (§§ 95–116 AktG) als Kontrollorgan der Gesellschaft und die Hauptversammlung (§§ 118–149 AktG) als das Organ, in dem und durch das die Aktionäre ihre Rechte ausüben.

Aktiengesellschaft, Vertretung

Der Vorstand vertritt die Gesellschaft gerichtlich und außergerichtlich (§ 78 Abs. 1 AktG). Die Vertretungsbefugnis des Vorstands ist nach außen unbeschränkbar (§ 82 AktG). Im Innenverhältnis sind Vorstandsmitglieder verpflichtet, die Beschränkungen einzuhalten, die ihnen durch Satzung, Aufsichtsrat, Hauptversammlung und Geschäftsordnung für die Vertretungsbefugnis auferlegt wurden (§ 82 Abs. 2 AktG).

Außengesellschaft

Die Außengesellschaft ist eine *BGB-Gesellschaft*, bei der die Gesellschafter nach außen gemeinschaftlich im Rechtsverkehr als GbR auftreten (vgl. auch *Innengesellschaft*). Die Außengesellschaft ist als GbR nach § 705 Abs. 2 Alt. 1 BGB rechtsfähig.

BGB-Gesellschaft

Die BGB-Gesellschaft ist der vertragliche Zusammenschluss mehrerer Personen zur Förderung eines gemeinsamen Zwecks (§ 705 Abs. 1 BGB) und die Grundform aller Personengesellschaften. Der gemeinsame Zweck kann nicht im gemeinsamen Betrieb eines Handelsgewerbes nach § 1 Abs. 2 HGB bestehen. Dann liegt nämlich nach § 105 Abs. 1, § 161 Abs. 1 HGB zwingend eine *OHG* oder *KG*, niemals jedoch eine BGB-Gesellschaft vor.

BGB-Gesellschaft, Geschäftsführung

In der BGB-Gesellschaft gilt der Grundsatz der Gesamtgeschäftsführungsbefugnis. Zu jeder Geschäftsführungsmaßnahme ist die Zustimmung aller Gesellschafter erforderlich (§ 715 Abs. 3 S. 1 BGB). Einzelheiten sind in § 715 BGB geregelt.

BGB-Gesellschaft, Gründung

Die BGB-Gesellschaft entsteht im Innenverhältnis durch den Abschluss eines *Gesellschaftsvertrages*, dessen positive Voraussetzungen sich ausschließlich aus § 705 Abs. 1 BGB ergeben. Erforderlich ist danach ein Vertrag zwischen zwei oder mehr Personen, gerichtet auf die Erreichung eines gemeinsamen Zwecks, den zu fördern sich alle Vertragspartner verpflichten. In Abgrenzung zur *OHG/KG* ist darüber hinaus als negative Voraussetzung erforderlich, dass der Gesellschaftszweck nicht auf den Betrieb eines Handelsgewerbes nach § 1 Abs. 2 HGB gerichtet ist.

Im Außenverhältnis wird die BGB-Gesellschaft nach § 719 Abs. 1 BGB durch Teilnahme am Rechtsverkehr mit Zustimmung aller Gesellschafter durch Eintragung in das *Gesellschaftsregister* wirksam.

BGB-Gesellschaft, Haftung

Die §§ 705 ff. BGB enthalten seit dem 1. Januar 2024 eine ausdrückliche gesetzliche Regelung über die Haftung der BGB-Gesellschaft (§ 705 Abs. 2 Alt. 1 BGB) und deren Gesellschafter (§ 721 f. BGB). Damit ist nunmehr ein der *OHG* vergleichbares Haftungsmodell auch ausdrücklich gesetzlich geregelt.

BGB-Gesellschaft, Vertretung

Nach der Regelung des § 720 Abs. 1 BGB steht die Befugnis zur Vertretung der BGB-Gesellschaft bei Fehlen einer abweichenden gesetzlichen Regelung allen Gesellschaftern gemeinschaftlich zu. Wirksame Erklärungen können nach dem gesetzlichen Leitbild somit nur abgegeben werden, wenn sämtliche Gesellschafter mitwirken.

Eingetragener Verein (e. V.)

Der in den §§ 21 ff. BGB geregelte Verein ist eine Gesellschaft mit körperschaftlicher Verfassung, deren Zweck auf Dauer angelegt ist und deren Bestand von einem Mitgliederwechsel unabhängig ist. Der eingetragene Verein (§§ 55 ff. BGB) ist die Grundform aller *Körperschaften*.

Erwerbsgesellschaft

Sofern ein Unternehmen in der Rechtsform einer *Personengesellschaft* betrieben wird, bezeichnet man diese Personengesellschaft auch als Erwerbsgesellschaft (vgl. auch *Kapitalgesellschaft*).

Europäische Aktiengesellschaft (Societas Europaea = SE)

Mithilfe der SE sollen Unternehmen mit Niederlassungen in mehreren Mitgliedstaaten der EU auf der Grundlage einheitlicher Regeln fusionieren und mit einem einheitlichen Management und einem einheitlichen Berichtssystem überall in der EU tätig werden können, ohne mit erheblichem Zeit- und Kostenaufwand ein Netz von Tochtergesellschaften errichten zu müssen, für die unterschiedliche nationale Vorschriften gelten. Für die SE gilt gem. Art. 9 SE-VO primär die SE-VO und die auf der Grundlage dieser VO in der Satzung der jeweiligen Gesellschaft getroffenen Regelungen. Subsidiär ist das Aktienrecht des Mitgliedstaates anwendbar, in dem die SE ihren Sitz hat. Somit unterliegt eine SE mit Sitz in Deutschland subsidiär dem deutschen Aktienrecht.

Europäische wirtschaftliche Interessenvereinigung (EWIV)

Bei der EWIV handelt es sich um eine supranationale Gesellschaftsform, die die grenzüberschreitende Kooperation zwischen den Unternehmen der Mitgliedstaaten der EU erleichtert. Für die EWIV gelten in der Bundesrepublik subsidiär die Vorschriften für die *OHG*.

Fehlerhafte Gesellschaft

Die Nichtigkeit oder Anfechtbarkeit des *Gesellschaftsvertrages* einer *Personengesellschaft* führt lediglich zu deren Auflösbarkeit mit Wirkung für die Zukunft, wenn die Voraussetzungen der von der Rechtsprechung entwickelten Lehre von der fehlerhaften Gesellschaft vorliegen.

Fremdorganschaft

Fremdorganschaft bedeutet, dass die gesetzlich geregelte Funktion eines Gesellschaftsorgans auch von Nichtmitgliedern wahrgenommen werden kann. Das Prinzip der Fremdorganschaft besitzt für die *Körperschaften* Gültigkeit (vgl. auch *Selbstorganschaft*).

Genossenschaft (e. G.)

Die eingetragenen Genossenschaften sind *Körperschaften* mit nicht geschlossener Mitgliederzahl. Die Zahl der Geschäftsanteile schwankt wegen der variablen Mitgliederzahl (§ 1 S. 1 GenG). Die eingetragene Genossenschaft (e. G.) ist juristische Person (§ 17 Abs. 1 GenG) und Kaufmann kraft Rechtsform (§ 17 Abs. 2 GenG).

Geschäftsführung

Nach den Regelungen über die Geschäftsführung bestimmt sich, ob eine Person im Innenverhältnis zu den anderen Gesellschaftern eine bestimmte auf die Verfolgung des Gesellschaftszwecks gerichtete Tätigkeit vornehmen darf.

Gesellschaftsarten

Jede deutsche Gesellschaft lässt sich auf zwei im BGB geregelte Grundtypen zurückführen. Die in den §§ 705 ff. BGB geregelte BGB-Gesellschaft ist der Grundtyp der Personengesellschaften. Zu diesem Grundtyp gehören die *OHG*, die *KG*, die *StG*, die Partnerschaft und die *EWIV*. Der in den §§ 21 ff. und §§ 55 ff. BGB geregelte *eingetragene Verein* ist der Grundtyp der *Körperschaften*. Zu diesem Grundtyp gehören die *GmbH*, die *AG*, die *KGaA* und die *e. G.*

Gesellschafterklage

Sozialverpflichtungen der einzelnen Gesellschafter können von den Gesellschaftern einer *Personengesellschaft* im Wege der auf Leistung an die Gesellschaft gerichteten Gesellschafterklage nach § 715b BGB durchgesetzt werden. Diese Gesellschafterklage bezeichnet man als actio pro socio.

Gesellschaftsrecht

Gesellschaftsrecht ist das Recht der privatrechtlichen Personenvereinigungen, die zur Erreichung eines bestimmten gemeinsamen Zwecks durch Rechtsgeschäft begründet werden. Ein spezielles Gesetz, das das Gesellschaftsrecht regelt, gibt es nicht. Stattdessen finden sich gesellschaftsrechtliche Vorschriften u. a. im BGB, im HGB und in einer Reihe von Spezialgesetzen, wie z. B. dem Aktiengesetz, dem GmbH-Gesetz, dem Genossenschaftsgesetz, dem Mitbestimmungsgesetz und dem Umwandlungsgesetz.

Gesellschaftsregister

Seit dem 1. Januar 2024 sehen die §§ 706 ff. BGB die Möglichkeit vor, eine BGB-Gesellschaft eintragen zu lassen. Diese Eintragung ist nach § 707 Abs. 1 BGB fakultativ und keine Voraussetzung für die Entstehung der GbR. Sie bringt für die Gesellschaft allerdings Vorteile mit sich. Dazu gehören das in § 706 BGB geregelte Recht, einen beliebigen Ort im Inland als Verwaltungssitz der Gesellschaft zu bestimmen, und die Erlangung der Registerfähigkeit (vgl. z.B. § 47 Abs. 2 GBO). Betreibt die GbR unter gemeinschaftlichem Namen ein Unternehmen, so wird das Vorliegen einer rechtsfähigen Gesellschaft auch ohne Eintragung in das Gesellschaftsregister vermutet (§ 705 Abs. 3 BGB).

Eine in das Gesellschaftsregister eingetragene BGB-Gesellschaft muss nach § 707a Abs. 2 BGB die Bezeichnung „eingetragene Gesellschaft bürgerlichen Rechts" oder „eGbR" führen. Erleichterungen im täglichen Rechtsverkehr gibt es insofern, als die Vertretungsregelung (§ 707 Abs. 2 Nr. 3, Abs. 3 S. 1 BGB) publik gemacht und Rechtssicherheit für potenzielle Vertragspartner geschaffen wird (Vertrauensschutz nach § 707a Abs. 3 S. 1 i. V. m. § 15 Abs. 1 HGB). Nach § 707b BGB gelten einzelne Regeln des Handelsregisters auch für das Gesellschaftsregister. Grundsätzlich bedarf die Anmeldung zum Gesellschaftsregister der Mitwirkung sämtlicher Gesellschafter (§ 707 Abs. 4 S. 1 BGB). Die Gesellschafter können sich aber hierbei vertreten lassen (§ 707b Nr. 2 BGB i. V. m. § 12 Abs. 1 S. 3 HGB).

Gesellschaftsvertrag

Für die Gründung einer Personengesellschaft und regelmäßig auch für die Gründung einer Kapitalgesellschaft ist der Abschluss eines Gesellschaftsvertrages erforderlich, den das Gesetz bei einigen *Körperschaften* auch als Satzung oder Statut bezeichnet. Gesetzlich geregelte Ausnahmen bestehen nach § 1 GmbHG und § 2 AktG bei der *GmbH* und *AG*. Diese Gesellschaften können auch von einer Person durch einseitiges Rechtsgeschäft errichtet werden. Die als Vertrag, Satzung oder Statut bezeichneten Gesellschaftsverträge und einseitigen Rechtsgeschäfte sind Verträge bzw. Willenserklärungen i. S. d. BGB.

Gesellschaft mit beschränkter Haftung (GmbH)

Die Gesellschaft mit beschränkter Haftung ist eine aus einem oder mehreren Gesellschaftern bestehende Handelsgesellschaft mit eigener Rechtspersönlichkeit, die zu jedem gesetzlich zulässigen Zweck errichtet werden kann (§ 1 GmbHG). An ihr beteiligen sich die Gesellschafter mit Einlagen (§ 5 Abs. 1 GmbHG) auf das in Geschäftsanteile zerlegte *Stammkapital*, ohne persönlich für die Verbindlichkeiten der Gesellschaft zu haften (§ 13 GmbHG).

GmbH, Geschäftsführung

Die Geschäftsführung für die Gesellschaft obliegt dem oder den Geschäftsführern. Sie umfasst alle Angelegenheiten der Gesellschaft. In den §§ 41 ff. GmbHG werden einzelne besondere Aufgaben der Geschäftsführer hervorgehoben, wie z. B. die Pflicht zur ordnungsgemäßen Buchführung und Bilanzierung.

GmbH, Gründung

Die in den §§ 1 ff. GmbHG geregelte Gründung einer GmbH beginnt mit dem Abschluss des Gesellschaftsvertrages und endet mit der Eintragung der Gesellschaft in das Handelsregister. Sie umfasst insgesamt fünf Schritte; den Abschluss eines *Gesellschaftsvertrages*, die Bestellung der Organe der Gesellschaft, die Aufbringung des *Stammkapitals*, die Anmeldung der Gesellschaft zum Handelsregister und die Eintragung der Gesellschaft in das Handelsregister.

GmbH, Haftung

Die GmbH wird für Verbindlichkeiten der Gesellschaft gem. § 13 Abs. 1 GmbHG als juristische Person verpflichtet. Gegenüber den Gläubigern haftet die GmbH nach § 13 Abs. 2 GmbHG nur mit dem Gesellschaftsvermögen.

GmbH, Organe

Die GmbH muss nach dem GmbHG zwei Organe haben, nämlich den oder die Geschäftsführer als Handlungsorgan (§§ 6, 35 ff. GmbHG) und die Gesellschafter als Willensbildungsorgan (§ 45 ff. GmbHG). Die Errichtung eines zusätzlichen Aufsichtsrates (§ 52 GmbHG) ist möglich, jedoch grundsätzlich nicht zwingend erforderlich. In der Regel nimmt der fakultative Aufsichtsrat Überwachungsfunktionen wahr.

GmbH, Vertretung

Gem. § 35 Abs. 1 GmbHG wird die GmbH durch die Geschäftsführer gerichtlich und außergerichtlich vertreten. Sie wird als juristische Person durch die in ihrem Namen von den Geschäftsführern vorgenommenen Rechtsgeschäfte berechtigt und verpflichtet.

GmbH & Co. KG

Ihrem Wesen nach ist die GmbH & Co. KG eine *Kommanditgesellschaft*. Ihre Besonderheit besteht darin, dass ein *Komplementär* der *KG*, und zwar in der Praxis meist der einzige Komplementär, eine *GmbH* ist.

Grundkapital

Nach § 1 Abs. 2 AktG hat die *Aktiengesellschaft* ein in Aktien zerlegtes Grundkapital. Dieses Grundkapital muss nach § 7 AktG mindestens 50.000 Euro betragen.

Grundlagengeschäft

Geschäfte, die die vertragliche Grundlage der Gesellschaft berühren, bezeichnet man als Grundlagengeschäfte. Bei den *Personengesellschaften* gehören zu den Grundlagengeschäften Bestimmungen über den Gegenstand und die Änderung des Gesellschaftszwecks, Erhöhungen der Einlage, Änderungen im Gesellschaftsbestand, Regelungen über Geschäftsführung und Vertretung und die Auflösung der Gesellschaft.

Grundlagengeschäfte können nicht im Wege der Geschäftsführung und Vertretung für die Gesellschaft vorgenommen werden. Geschäftsführung und Vertretung für die Gesellschaft erstrecken sich nicht auf die vertraglichen Grundlagen des Gesellschaftsverhältnisses.

Haftung

Haftung ist die Verpflichtung, eine bestehende Schuld aus dem eigenen Vermögen erfüllen zu müssen. Schuld und Haftung sind somit zu unterscheiden. Die Unterscheidung zwischen Schuld und Haftung erlangt Bedeutung, wenn für die Erfüllung einer Schuld mehrere Vermögensmassen zur Verfügung stehen. Dann stellt sich die Frage, welche Vermögensmasse für die bestehende Schuld haftet. Dabei gilt auch im Gesellschaftsrecht der Grundsatz „Wer schuldet, haftet".

Innengesellschaft

Eine Innengesellschaft ist eine *BGB-Gesellschaft*, bei der die Gesellschafter nicht gemeinschaftlich nach außen als GbR auftreten (vgl. auch *Außengesellschaft*). Eine Innengesellschaft ist als BGB-Gesellschaft nach § 705 Abs. 2 Alt. 2 BGB nicht rechtsfähig.

Kapitalgesellschaft

Die Körperschaftsformen *AG*, *KGaA* und *GmbH* bezeichnet man auch als Kapitalgesellschaften, weil bei ihnen die Höhe der eingezahlten Kapitalbeträge die Grundlage für die Entscheidungsbefugnisse der Gesellschafter und die Gewinnverteilung auf sie bildet (vgl. auch *Erwerbsgesellschaft*).

Kommanditgesellschaft

Eine KG ist gem. § 161 Abs. 1 HGB eine Gesellschaft, deren Zweck auf den Betrieb eines Handelsgewerbes unter gemeinschaftlicher Firma gerichtet ist (§§ 161 Abs. 2, 105 Abs. 1 HGB) und bei der bei einem oder mehreren Gesellschaftern die Haftung gegenüber den Gesellschaftsgläubigern auf den Betrag einer bestimmten Vermögenseinlage beschränkt ist, während mindestens ein Gesellschafter unbeschränkt haftet. Die beschränkt haftenden Gesellschafter werden *Kommanditisten* genannt, die unbeschränkt haftenden Gesellschafter *Komplementäre*.

Kommanditgesellschaft, Geschäftsführung

Gem. § 164 Satz 1 1. Halbs. HGB sind die *Kommanditisten* von der Geschäftsführung ausgeschlossen. Sofern in dem *Gesellschaftsvertrag* keine abweichenden Vereinbarungen getroffen worden sind, sind daher gem. §§ 161 Abs. 2, 116 Abs. 1 HGB alle *Komplementäre* geschäftsführungsbefugt. Dabei gilt gem. §§ 161 Abs. 2, 116 Abs. 1 S. 1 Halbs. 1 HGB für diejenigen Geschäfte, die der gewöhnliche Betrieb des Handelsgewerbes mit sich bringt, das Prinzip der Einzelgeschäftsführung aller Komplementäre.

Kommanditgesellschaft, Gründung

Für die Gründung einer KG gelten über § 161 Abs. 2 HGB neben § 161 Abs. 1 HGB die §§ 105 Abs. 1, 107 Abs. 1, 108 und 123 Abs. 1 HGB. Die KG entsteht im Innenverhältnis der Gesellschafter untereinander mit dem Abschluss des *Gesellschaftsvertrags* (§ 108 HGB) und im Außenverhältnis gegenüber Dritten unter den Voraussetzungen des § 123 Abs. 1 HGB.

Kommanditgesellschaft, Haftung

Die *Komplementäre* einer KG haften gem. §§ 161 Abs. 2, 126, 127 HGB für sämtliche Verbindlichkeiten der Gesellschaft als Gesamtschuldner unmittelbar und primär mit ihrem gesamten Privatvermögen. Die *Kommanditisten* haften wie die Komplementäre gem. § 171 Abs. 1 HGB für sämtliche Verbindlichkeiten der Gesellschaft unmittelbar und primär. Die Haftung ist aber auf die Höhe der in das Handelsregister eingetragenen Haftsumme beschränkt. Ist die vereinbarte Einlage von dem Kommanditisten geleistet worden, bestehen keine Zahlungsverpflichtungen der Kommanditisten gegenüber den Gesellschaftsgläubigern.

Kommanditgesellschaft, Vertretung

Zur Vertretung der KG sind ausschließlich die *Komplementäre* befugt. Für die Vertretung durch einen oder mehrere Komplementäre ist über § 161 Abs. 2 HGB § 124 HGB maßgebend. Sofern in dem *Gesellschaftsvertrag* keine abweichenden Vereinbarungen getroffen worden sind, sind gem. §§ 161 Abs. 2, 124 Abs. 1 HGB alle Komplementäre uneingeschränkt einzelvertretungsbefugt.

Kommanditgesellschaft auf Aktien (KGaA)

Die in den §§ 278 ff. AktG geregelte KGaA ist eine Mischform aus *KG* und *Aktiengesellschaft*. Bei ihr handelt es sich gem. § 278 Abs. 1 AktG um eine juristische Person, die aus zwei Gruppen von Gesellschaftern besteht: dem oder den persönlich haftenden Gesellschafter(n) und den Kommanditaktionären, die mit Aktien am Grundkapital der Gesellschaft beteiligt sind und für die Verbindlichkeiten der Gesellschaft nicht persönlich haften.

Kommanditist

Die beschränkt haftenden Gesellschafter einer *KG* werden Kommanditisten genannt (vgl. auch *Komplementär*).

Komplementär

Die unbeschränkt haftenden Gesellschafter einer *KG* werden Komplementäre genannt (vgl. auch *Kommanditist*).

Körperschaft

Der *eingetragene Verein* ist die Grundform der Körperschaften. Körperschaften sind nach der Vorstellung des Gesetzgebers für eine größere Zahl ggf. wechselnder Mitglieder geeignete Vereinigungen. Regelmäßig sind sie darauf ausgerichtet, dass die Gesellschafter den Gesellschaftszweck durch Erbringung ihres Beitrages (Einlage) fördern. Eine persönliche Leitung der Gesellschaft durch ein oder mehrere Mitglieder ist dagegen nicht erforderlich. Zu den Körperschaften zählen der (eingetragene) Verein, die *Gesellschaft mit beschränkter Haftung*, die *Aktiengesellschaft*, die *Kommanditgesellschaft auf Aktien* und die *Genossenschaft* (vgl. auch *Personengesellschaft*).

Mitgliedschaft

Die Mitgliedschaft in einer Gesellschaft begründet für die Gesellschafter Rechte und Pflichten. Bei den Rechten der Gesellschafter unterscheidet man Vermögensrechte und Mitverwaltungsrechte. Pflichten der Gesellschafter sind die Beitragspflicht, die Geschäftsführungspflicht bei *Personengesellschaften* und die Treuepflicht.

Mitverwaltungsrechte

Als Mitverwaltungsrechte steht den Mitgliedern aller Gesellschaftsformen grundsätzlich ein Mitspracherecht (Stimmrecht) und ein Kontrollrecht (Auskunftsrecht) zu. Bezüglich des zu den Mitverwaltungsrechten zählenden Rechts zur Geschäftsführung besteht zwischen *Personengesellschaften* und *Körperschaften* ein grundlegender Unterschied: Während die Gesellschafter der Personengesellschaften (Ausnahme: *Kommanditisten*) ein gesellschaftsvertraglich abdingbares Recht zur Geschäftsführung aus der Mitgliedschaft herleiten können (vgl. auch *Selbstorganschaft*), besteht ein solches Mitgliedschaftsrecht in den Körperschaften nicht (vgl. auch *Fremdorganschaft*).

MoMiG

Abkürzung für das am 1. November 2008 in Kraft getretene „Gesetz zur Modernisierung des GmbH-Rechts und zur Bekämpfung von Missbräuchen", durch welches das GmbHG umfassend reformiert wurde.

MoPeG

Abkürzung für das am 1. Januar 2024 in Kraft getretene „Gesetz zur Modernisierung des Personengesellschaftsrechts", durch welches insbesondere das Recht der BGB-Gesellschaft umfassend reformiert wurde.

Das BGB unterscheidet nunmehr klar und eindeutig zwischen der rechtsfähigen BGB-Außengesellschaft (§§ 706 ff. BGB n. F.) und der nicht rechtsfähigen BGB-Innengesellschaft (§§ 740 ff. BGB n. F.) und führt für die rechtsfähige BGB-Außengesellschaft klare gesetzliche Haftungsregelungen (§§ 705 Abs. 2 Alt. 1, 721 ff. BGB) sowie ein fakultatives Gesellschaftsregister (§§ 707 BGB n. F.) ein. Zudem öffnet das MoPeG das Personenhandelsgesellschaftsrecht für die berufsrechtlich zulässige gemeinsame Ausübung eines Freien Berufes (§ 107 Abs. 1 HGB)

Niederlassungsfreiheit

Die in den Art. 49, 54 AEUV geregelte Niederlassungsfreiheit ermöglicht es einer in einem Mitgliedstaat der EU gegründeten Gesellschaft, ihren Sitz identitätswahrend in einen anderen Mitgliedstaat der EU zu verlegen, sofern das Recht des Gründungsstaates den Wegzug gestattet (vgl. auch *Rechtsformzwang*).

Offene Handelsgesellschaft (OHG)

Eine OHG ist eine *Personengesellschaft* i. S. d. § 705 BGB, deren Gesellschaftszweck die Voraussetzungen des § 105 Abs. 1 oder des § 107 Abs. 1 HGB erfüllt und bei der sämtliche Gesellschafter den Gesellschaftsgläubigern unbeschränkt haften.

Offene Handelsgesellschaft, Geschäftsführung

In der OHG gilt der Grundsatz der Einzelgeschäftsführungsbefugnis aller Gesellschafter. Nach § 115 Abs. 1 HGB sind grundsätzlich alle Gesellschafter zur Geschäftsführung berechtigt und verpflichtet. Dabei ist jeder von ihnen nach § 116 Abs. 3 S. 1 HGB allein zu handeln berechtigt.

Offene Handelsgesellschaft, Gründung

Die OHG entsteht im Innenverhältnis mit Abschluss des *Gesellschaftsvertrages* (§ 105, 108 HGB) und im Außenverhältnis mit dem Wirksamwerden unter den Voraussetzungen des § 123 Abs. 1 HGB.

Offene Handelsgesellschaft, Haftung

Ausgangspunkt der haftungsrechtlichen Regelung für die *OHG* und deren Gesellschafter ist die Vorschrift des § 105 Abs. 2 HGB. Danach kann die Gesellschaft Rechte erwerben und Verbindlichkeiten eingehen. Neben der *OHG* haften den Gesellschaftsgläubigern noch deren Gesellschafter. Die persönliche Haftung der OHG-Gesellschafter ist in § 126 HGB geregelt und knüpft an die Haftung der Gesellschaft an.

Offene Handelsgesellschaft, Vertretung

Nach § 124 Abs. 1 HGB gilt in der OHG der Grundsatz der Einzelvertretung. Jeder Gesellschafter einer OHG ist zu ihrer Vertretung gegenüber Dritten ermächtigt.

Organe

Die Personen, die nach dem Gesetz zur Willensbildung und Willensumsetzung für die Gesellschaft berufen sind, nennt man die Organe der Gesellschaft. Organe der Gesellschaft sind die Personen, denen die gesetzliche Geschäftsführungs- und Vertretungsbefugnis für die Gesellschaft zusteht.

Partiarisches Rechtsverhältnis

Ein partiarisches Rechtsverhältnis liegt vor, wenn die Parteien ein Rechtsverhältnis vereinbaren, bei dem die Gegenleistung eines Vertragspartners in der Gewinnbeteiligung der anderen Partei bestehen soll. In diesen Fällen wird kein gemeinsamer Zweck gefördert und somit auch keine Gesellschaft gegründet. Die Vertragsparteien eines partiarischen Rechtsverhältnisses tauschen lediglich Leistungen aus.

Personengesellschaft

Die *BGB-Gesellschaft* ist die Grundform der *Personengesellschaften*. Personengesellschaften sind nach der Vorstellung des Gesetzgebers auf eine kleine Zahl von regelmäßig festen Mitgliedern angelegte Vereinigungen. Sie bezwecken nicht nur die Zusammenführung der Kapitalkraft ihrer Mitglieder, sondern sind auch darauf ausgerichtet, dass zumindest ein Gesellschafter in der Leitung der Gesellschaft persönlich mitwirkt. Zu den Personengesellschaften gehören die BGB-Gesellschaft, die *offene Handelsgesellschaft*, die *Kommanditgesellschaft*, die *stille Gesellschaft*, die Partnerschaft und die *europäische wirtschaftliche Interessenvereinigung*.

Rechtsformzwang

Nach dem Grundsatz des Rechtsformzwangs können Gesellschaften nur in der vom Gesetz zugelassenen Rechtsform gegründet werden. Die Schaffung neuer Gesellschaftsformen ist in Deutschland danach nicht möglich. Jedoch kann eine Gesellschaft aus einem Mitgliedstaat der EU aufgrund der in Art. 49, 54 AEUV normierten Niederlassungsfreiheit ihren Verwaltungssitz unter Wahrung ihrer ausländischen Rechtsform nach Deutschland verlegen.

Selbstorganschaft

Selbstorganschaft bedeutet, dass die Wahrnehmung der gesetzlich vorgesehenen Organfunktion ausschließlich den Mitgliedern der Gesellschaft obliegt. Das Prinzip der Selbstorganschaft gilt für die Personengesellschaften (vgl. auch *Fremdorganschaft*).

Scheingesellschaft

Eine Scheingesellschaft liegt vor, wenn nach außen hin Personen als Mitglieder einer Gesellschaft in Erscheinung treten, obwohl einverständlich kein *Gesellschaftsvertrag* abgeschlossen wurde. In diesem Fall müssen sich die Scheingesellschafter nach § 242 BGB so behandeln lassen, als bestünde die Gesellschaft tatsächlich.

Sozialanspruch

Als Sozialanspruch bezeichnet man den Anspruch der Gesellschaft auf Erfüllung der mitgliedschaftlichen Pflichten der Gesellschafter.

Stammkapital

Mit dem Begriff Stammkapital wird derjenige Betrag bezeichnet, hinsichtlich dessen die Gesellschafter einer *GmbH* zum Ausgleich für die beschränkte Haftung der Gesellschaft den Vorschriften über die Aufbringung und Erhaltung des Gesellschaftsvermögens unterliegen. Das Stammkapital einer GmbH muss nach § 5 Abs. 1 GmbHG mindestens 25.000 Euro betragen (vgl. auch *Unternehmergesellschaft (haftungsbeschränkt)*).

Stille Gesellschaft (StG)

Die in den §§ 230 ff. HGB geregelte stille Gesellschaft ist eine Innengesellschaft ohne Gesamthandsvermögen und ohne gemeinschaftliche Haftung für die Verbindlichkeiten der Gesellschaft. Die Einlage des stillen Gesellschafters geht in das Vermögen des Inhabers des Handelsgeschäfts über. Aus den Verträgen, die anlässlich des Betriebs des Handelsgewerbes abgeschlossen werden, wird allein der Inhaber des Handelsgeschäfts berechtigt und verpflichtet.

Stille Gesellschaft, Geschäftsführung

Allein der tätige Gesellschafter ist zur Geschäftsführung berechtigt.

Stille Gesellschaft, Gründung

Der Gesellschaftsvertrag einer stillen Gesellschaft bedarf keiner bestimmten Form. Die stille Gesellschaft wird mit dem Abschluss des *Gesellschaftsvertrags* wirksam.

Stille Gesellschaft, Haftung

Gem. § 230 Abs. 2 HGB wird auch nach der Eingehung einer stillen Gesellschaft aus den anlässlich des Betriebs des Handelsgewerbes abgeschlossenen Geschäften allein der Inhaber des Handelsgeschäfts berechtigt und verpflichtet. Der tätige Gesellschafter haftet den Gläubigern daher unmittelbar und primär mit seinem gesamten Vermögen. Der stille Gesellschafter kann von den Gläubigern dagegen nicht unmittelbar in Anspruch genommen werden.

Stille Gesellschaft, Vertretung

Die Vertretung der stillen Gesellschaft erfolgt in der Weise, dass der tätige Gesellschafter im eigenen Namen, aber für Rechnung der Gesellschaft Rechtshandlungen vornimmt. Aus den geschlossenen Geschäften wird der tätige Gesellschafter gem. § 230 Abs. 2 HGB allein berechtigt und verpflichtet.

Unternehmergesellschaft (haftungsbeschränkt)

Die in § 5a GmbHG geregelte UG (haftungsbeschränkt) ist ein Unterfall der GmbH. Auf diese Gesellschaft ist daher das Recht der GmbH mit wenigen in § 5a GmbHG geregelten Ausnahmen anwendbar.

Treuepflicht

Als Treuepflicht bezeichnet man die Pflicht der Gesellschafter, alles zu unterlassen, was die Verfolgung des gemeinsamen Zwecks gefährden kann. Die Treuepflicht lässt sich aus dem die gesamte Rechtsordnung beherrschenden Grundsatz von Treu und Glauben herleiten und gilt für die Gesellschafter aller Gesellschaftsformen. Ihr Umfang und ihre Schutzwirkung lassen sich jedoch nur von Fall zu Fall feststellen.

Typenvermischung

Eine Typenvermischung liegt vor, wenn zwei verschiedene Gesellschaftsformen miteinander verbunden werden. Ein Paradebeispiel für die Typenvermischung ist die *GmbH & Co. KG*, bei der eine *GmbH* als Körperschaft die Gesellschafterstellung in einer *KG*, also einer Personengesellschaft, einnimmt.

Vermögensrechte

Die Vermögensrechte der Gesellschafter sind bei allen auf eine unternehmerische Tätigkeit gerichteten Gesellschaften im Grunde gleich. Die Gesellschafter haben einen Anspruch auf Gewinnbeteiligung (§ 709 Abs. 2 BGB, § 120 HGB, § 58 Abs. 4 AktG, § 29 GmbHG) und auf einen Anteil am Liquidationserlös (§ 736 Abs. 6 BGB, § 155 HGB, § 271 AktG, § 72 GmbHG).

Vorgesellschaft

Mit der Errichtung der GmbH durch den Abschluss eines notariellen Gesellschaftsvertrages entsteht eine Vorgesellschaft (auch Vor-GmbH genannt). Die Vorgesellschaft ist weder GbR noch *OHG*. Bei ihr handelt es sich um eine gesamthänderische Personenvereinigung eigener Art. Diese Organisation untersteht einem Sonderrecht, das sich aus den im Gesetz oder im *Gesellschaftsvertrag* enthaltenen Gründungsvorschriften und dem Recht der rechtsfähigen GmbH ergibt, soweit dieses nicht die Eintragung voraussetzt.

Vorgründungsgesellschaft

Mit dem Abschluss vertraglicher Vereinbarungen über die Gründung einer *GmbH* entsteht eine Vorgründungsgesellschaft. Die Vorgründungsgesellschaft ist regelmäßig eine *BGB-Gesellschaft*. Betreibt sie bereits ein Handelsgewerbe, handelt es sich um eine *OHG*. Der Vertrag über die Gründung einer Vorgründungsgesellschaft bedarf zu seiner Wirksamkeit der notariellen Form.

E. Fallfinder Gesellschaftsrecht

F. Glossar Handelsrecht

Abschlussprovision

Der selbstständige *Handelsvertreter* hat einen Provisionsanspruch gegen den Unternehmer im Hinblick auf die von ihm getätigten Abschlüsse (vgl. § 87 HGB).

Abschlussvertreter

Es handelt sich um einen *Handelsvertreter*, der von dem Unternehmer Vollmacht hat (zum Umfang § 91 i. V. m. § 55 HGB), in dessen Namen Geschäfte abzuschließen (vgl. § 84 Abs. 1 HGB).

Ausgleichsanspruch des Handelsvertreters

Nach Beendigung des Vertragsverhältnisses mit dem Unternehmer kann der *Handelsvertreter* eine angemessene Ausgleichszahlung dafür verlangen, dass er diesem neue Kunden geworben hat und dadurch auch nach Vertragsbeendigung erhebliche Vorteile für den Unternehmer bestehen (vgl. § 89 b HGB).

Anscheinsvollmacht

Der gutgläubige Dritte (Geschäftspartner) darf auf den vom Vertretenen gesetzten Anschein insofern vertrauen, als er von der an den Vertreter erteilten Vollmacht ausgeht.

Bestätigungsschreiben, kaufmännisches

Eine in größerem Umfange am Geschäftsleben teilhabende Person (nicht unbedingt *Kaufmann*) fasst in einem Bestätigungsschreiben zuvor geführte Vertragsverhandlungen zusammen. Widerspricht der Empfänger, der Kaufmann sein muss, diesem Schreiben nicht unverzüglich, so gilt sein Schweigen als Zustimmung.

Bezirksvertreter

Ein *Handelsvertreter* (nicht Versicherungs- und Bausparkassenvertreter), dem ein bestimmter Bezirk oder ein bestimmter Personenkreis zugewiesen ist, hat Anspruch auf Provision auch für Geschäfte, die ohne sein Mitwirken abgeschlossen wurden (§ 87 Abs. 2 HGB).

Delkredereprovision

Der Handelsvertreter kann eine besondere Vergütung dann von dem Unternehmer verlangen, wenn er sich Letzterem gegenüber verpflichtet, für die Erfüllung einer Verbindlichkeit aus einem Geschäft einzustehen (vgl. § 86 b HGB).

Deckungskauf

Im Rahmen eines Handelskaufs steht dem Verkäufer im Falle des Zahlungsverzuges des Käufers das Recht zu, den Verkauf auf eigene Rechnung durchzuführen, um so die Höhe des Schadenersatzanspruches wegen Nichterfüllung konkret beziffern zu können.

Erwerb vom Nichtberechtigten

Ist der Erwerber gutgläubig, so kann er auch vom Nichtberechtigten Eigentum erwerben. Nach § 366 Abs. 1 HGB genügt es, dass der Erwerber beweglicher Sachen daran glaubt, dass der Veräußerer als *Kaufmann* (im Betriebe seines Handelsgewerbes) verfügungsbefugt ist.

Etablissementbezeichnung

Nichtkaufleute dürfen keine *Firma* führen, wohl aber Etablissementbezeichnungen (oftmals Fantasiebezeichnungen), die Namensschutz (§ 12 BGB), Markenschutz (§ 15 MarkG) und Wettbewerbsschutz (§§ 1, 3 UWG) genießen.

Firma

Die Firma eines *Kaufmanns* ist der Name, unter dem er seine Geschäfte betreibt und die Unterschrift abgibt (§ 17 HGB).

Firmenbeständigkeit

Die *Firma* darf auch bei Namensänderung des Geschäftsinhabers, bei Erwerb oder Änderung im Gesellschafterbestand fortgeführt werden (§§ 21, 22, 24 HGB).

Firmeneinheit

Der Kaufmann darf in ein und demselben Handelsgeschäft nur eine Firma haben. Ausnahmen bestehen für organisatorisch getrennte Handelsgesellschaften und Niederlassungen an unterschiedlichen Orten (bei Letzteren sind Zusätze gestattet).

Firmenöffentlichkeit

Jeder *Kaufmann* ist verpflichtet, seine *Firma* und den Ort seiner Handelsniederlassung beim zuständigen Gericht zur Eintragung anzumelden (§ 29 HGB).

Firmenunterscheidbarkeit

Jede neue Firma muss sich von allen an demselben Ort oder in derselben Gemeinde bereits bestehenden und in das *Handelsregister* oder in das Genossenschaftsregister eingetragenen Firmen deutlich unterscheiden (§ 30 Abs. 1 HGB).

Firmenwahrheit

Die *Firma* muss zur Kennzeichnung geeignet sein und Unterscheidungskraft besitzen. Die Firma darf keine Angaben enthalten, die geeignet sind, über geschäftliche Verhältnisse, die für die angesprochenen Verkehrskreise wesentlich sind, irrezuführen (§ 18 HGB).

Fixhandelskauf

Ist bei einem *Handelskauf* vereinbart, dass die Leistung zumindest des einen Teiles zu einem genau bestimmten Zeitpunkt oder einer fest bestimmten Frist erfolgen soll, so hat der jeweilige Vertragspartner bei Überschreiten der Frist Anspruch auf Rücktritt vom Vertrag oder im Verzugsfalle auf Schadenersatz (vgl. § 376 HGB).

Formkaufmann

Auf Handelsgesellschaften finden die Regelungen über Kaufleute Anwendung. Kapitalgesellschaften gelten selbst dann als Kaufleute, wenn sie keinen Gewerbebetrieb führen (vgl. § 6 HGB).

Frachtführer

Durch den Frachtvertrag wird der Frachtführer verpflichtet, das Gut vom Übernahmeort zum Bestimmungsort zu befördern (vgl. § 407 HGB).

Franchisenehmer

Im Rahmen eines Franchisesystems wird der Franchisenehmer in eigenem Namen und auf eigene Rechnung als Absatzmittler des Franchisegebers tätig.

Generalhandlungsvollmacht

Im Normalfall wird die *Handlungsvollmacht* durch den Kaufmann (aber auch durch den *Prokuristen*) in der Weise erteilt, dass der Handlungsbevollmächtigte ermächtigt ist, alle Geschäfte und Rechtshandlungen vorzunehmen, die der Betrieb eines derartigen Handelsgewerbes gewöhnlich mit sich bringt (vgl. § 54 HGB).

Geschäftsbetrieb

§ 1 Abs. 2 HGB spricht vom „in kaufmännischer Weise eingerichteten Geschäftsbetrieb". Für dessen Erforderlichkeit (nach Art und Umfang) sprechen folgende Merkmale: (Umfangkriterien) Umsatz, Beschäftigtenzahl, Höhe des investierten Kapitals, (Art) Vielfalt der Produkte, Inanspruchnahme von Kredit- und Teilzahlungen, Anzahl der Betriebsstätten. „Geschäftsbetrieb" wird oftmals mit dem Begriff des Unternehmens gleichgesetzt, im Gegensatz zu dem des Unternehmensträgers. Letzterer ist der Kaufmann bzw. die Gesellschaft, etwa offene Handelsgesellschaft oder Gesellschaft mit beschränkter Haftung, der bzw. die das Geschäft betreibt.

Gewerbe

Es handelt sich um eine auf Dauer angelegte (planmäßige), selbstständige und auf Gewinnerzielung gerichtete Tätigkeit, die nicht verboten ist und nicht dem „freien Beruf" zuzurechnen ist. Das Kriterium der Gewinnerzielung wird in der Literatur zugunsten der wirtschaftlichen Betätigung am Markt ersetzt.

Grundlagengeschäfte

Alleine dem Geschäftsinhaber sind Geschäfte vorbehalten, auf denen die Existenz, Rechtsform und rechtliche Ausgestaltung des Handelsgewerbes aufbauen (z. B. die Veräußerung des Geschäftsbetriebs).

Handelsbrauch

Kaufmännische Verkehrssitten beruhen auf einer gleichmäßigen, einheitlichen und freiwilligen tatsächlichen Übung der beteiligten Verkehrskreise. Im Unterschied zum Gewohnheitsrecht benötigt der Handelsbrauch keinen allgemeinen Rechtsgeltungswillen (vgl. § 346 HGB).

Handelsgeschäft

Dazu zählen alle Geschäfte eines Kaufmanns, die zum Betriebe seines Handelsgewerbes gehören. Für die Geschäftszugehörigkeit spricht eine widerlegliche Vermutung (vgl. §§ 343, 344 HGB).

Handelskauf

Kaufverträge, deren Gegenstände Waren (auch nicht vertretbare Sachen) oder Wertpapiere (§ 381 Abs. 1 HGB) sind und bei denen mindestens eine Partei *Kaufmann* ist, für den der Geschäftsabschluss zum Betriebe seines Handelsgewerbes gehört, gelten als *Handelskauf* (vgl. §§ 373 ff. HGB).

Handelsklauseln

Es werden nationale und internationale Handelsklauseln unterschieden. Sie gelten nicht automatisch, sondern müssen vereinbart werden. Beispiele für nationale Handelsklauseln sind etwa „Lieferung frei Haus", also Anlieferung hinter die erste verschlossene Tür. International sind die Incoterms, etwa FOB (Free on Board), von Bedeutung (siehe dazu www.icc-deutschland.de/icc-regeln-und-richtlinien/icc-incotermsR.html).

Handelsmakler

Der Handelsmakler übernimmt gewerbsmäßig ohne ständige Betrauung die Vermittlung von Verträgen über Anschaffung oder Veräußerung von Waren und anderem Handelsgut (keine Grundstücke) (vgl. § 93 HGB).

Handelsregister

In Registerbezirke eingeteilt führen (gewisse) Amtsgerichte das Handelsregister, in die einzutragende Tatsachen (Prokuraerteilung) und eintragungsfähige Tatsachen (Haftungsausschluss nach § 25 Abs. 2 HGB) eingetragen werden (§§ 8 ff. HGB).

Handelsvertreter

Als selbstständiger Absatzmittler (oder *Abschlussvertreter*) tritt der Handelsvertreter in fremdem Namen für Rechnung des Unternehmers auf, der ihn auch ständig betraut (vgl. § 84 HGB).

Handlungsvollmacht

Der *Kaufmann* oder *Prokurist* kann eine typisierte Vollmacht in der Weise erteilen, dass der Bevollmächtigte alle Geschäfte und Rechtshandlungen vornehmen kann, die der Betrieb eines derartigen Handelsgewerbes gewöhnlich mit sich bringt (vgl. § 54 HGB).

Hinterlegung

Im Falle des Annahmeverzuges des Käufers beim *Handelskauf* hat der Verkäufer das Recht, die Ware auf Gefahr und Kosten des Käufers in einem öffentlichen Lagerhaus oder in sonst sicherer Weise zu hinterlegen (vgl. § 373 Abs. 1 HGB).

Inhaberwechsel

Bei „Eintritt" eines *Kaufmanns* (unter Einbringung seines *Handelsgeschäfts*) in das Geschäft eines (anderen) Einzelkaufmanns kommt es zur Gründung einer Handelsgesellschaft. Gemäß § 28 HGB haftet diese Gesellschaft für die Schulden des bisherigen Inhabers des Handelsgeschäfts.

Inkassoprovision

Neben dem Anspruch auf *Abschlussprovision* hat der *Handelsvertreter* Anspruch auf Inkassoprovision für die von ihm auftragsgemäß eingezogenen Beträge (vgl. § 87 Abs. 4 HGB).

Istkaufmann

Der Betreiber eines *Handelsgewerbes* ist dann *Kaufmann*, wenn das Unternehmen nach Art und Umfang einen in kaufmännischer Weise eingerichteten Geschäftsbetrieb erfordert (vgl. § 1 Abs. 2 HGB).

Kannkaufmann (eigener Art)

Ein gewerbliches Unternehmen, dessen Gewerbebetrieb nicht schon (nach § 1 Abs. 2 HGB) als *Istkaufmann* anzusehen ist, gilt als *Handelsgewerbe*, wenn die *Firma* des Unternehmens in das *Handelsregister* eingetragen ist (vgl. § 2 HGB). Land- und forstwirtschaftliche Unternehmen können eine Firma eintragen lassen, wenn sie nach Art und Umfang einen in kaufmännischer Weise eingerichteten Geschäftsbetrieb erfordern (vgl. § 3 HGB).

Kaufmann

Als *Kaufmann* im Sinne des Handelsgesetzbuches kommen infrage der *Istkaufmann* (§ 1 HGB), der *Kannkaufmann* eigener Art (§ 2 HGB), der land- und forstwirtschaftliche

Kannkaufmann (§ 3 HGB), der *Kaufmann kraft Eintragung* (§ 5 HGB) und der *Formkaufmann* (§ 6 HGB).

Kaufmann kraft Eintragung

Durch die Eintragung einer *Firma* im *Handelsregister* gilt ein Gewerbebetrieb als Handelsgewerbe (vgl. § 5 HGB).

Kleingewerbe

Derjenige, der keinen nach Art und Umfang in kaufmännischer Weise eingerichteten Geschäftsbetrieb führt und auch nicht im *Handelsregister* unter einer *Firma* eingetragen ist, wird nicht durch das Handelsgesetzbuch erfasst.

Kommission

Verkauf oder Einkauf von Waren oder Wertpapieren (allerdings auch Geschäftsbesorgung) für Rechnung des Kommittenten, aber in eigenem Namen des Kommissionärs (vgl. §§ 383, 406 HGB).

Kommissionsagent

Im Rahmen der Absatzmittlung (Verkauf) wird der Kommissionsagent von einem Auftraggeber (Unternehmer) ständig mit der Vermittlung von Geschäften betraut. Im Rahmen des Ausführungsgeschäfts findet Kommissionsrecht Anwendung (§§ 383 ff. HGB), im Verhältnis zum Unternehmer gelten die Regelungen der §§ 89, 89 a und 89 b HGB analog.

Kommissionsgeschäft

Der Kommissionär übernimmt es gewerbsmäßig, im eigenen Namen für Rechnung des Kommittenten Waren oder Wertpapiere zu kaufen oder zu verkaufen (vgl. § 383 HGB).

Kommissionsvertrag

Vertragsgegenstand zwischen Kommittent und Kommissionär ist einerseits das Ausführungsgeschäft mit dem Dritten, andererseits das Abwicklungsgeschäft im „Innenverhältnis".

Kontokorrent

Steht jemand mit einem *Kaufmann* derart in Geschäftsbeziehung, dass die aus der Verbindung entstehenden beidseitigen Ansprüche und Leistungen nebst Zinsen in Rechnung gestellt und in regelmäßigen Zeitabschnitten durch Verrechnung und Feststellung des sich für den einen oder anderen Teil ergebenden Überschusses ausgeglichen werden, so spricht man vom Kontokorrent (vgl. § 355 HGB).

Ladenangestellte

Angestellte in einem Laden oder offenem Warenlager gelten als zu Verkäufen und Empfangnahme ermächtigt, die in einem derartigen Laden oder Warenlager gewöhnlich geschehen (vgl. § 56 HGB).

Lagergeschäft

Bei einem Lagergeschäft ist der Lagerhalter verpflichtet, das Gut zu lagern, aufzubewahren und den Einlagerer dann zu unterrichten und Weisungen einzuholen, wenn nach der Einlagerung Veränderungen an dem Gut entstanden oder zu befürchten sind (vgl. §§ 467, 471 BGB).

Prinzipalgeschäft

Reine Inhabergeschäfte, wie etwa die Bilanzunterzeichnung (§ 245 HGB) und die Prokuraerteilung (§ 48 Abs. 1 HGB), bleiben dem *Kaufmann* vorbehalten.

Prokura

Es handelt sich um eine typisierte rechtsgeschäftliche Vertretungsmacht, die der *Kaufmann* nur ausdrücklich aussprechen kann und die alle Geschäfte umfasst, die der Betrieb (irgendeines) Handelsgewerbes mit sich bringt. Nach außen hin kann diese Vollmacht nicht eingeschränkt werden. Allerdings sind gewisse Geschäfte, wie etwa die Grundstücksveräußerung und Grundstücksbelastung sowie *Prinzipalgeschäfte* und Inhabergeschäfte, ausgeschlossen (vgl. §§ 49, 50 HGB).

Publizität, negative

Ein gutgläubiger Dritter darf darauf vertrauen, dass eine Veränderung im Hinblick auf eine einzutragende Tatsache nicht eingetreten ist, wenn sie nicht in das *Handelsregister* eingetragen worden ist (vgl. § 15 Abs. 1 HGB).

Publizität, positive

Ist eine einzutragende Tatsache (richtig) eingetragen worden, muss ein Dritter sie gegen sich gelten lassen. Allerdings darf sich der Dritte innerhalb von 15 Tagen nach Bekanntmachung auf die alte Rechtslage berufen, wenn er beweist, dass er die Tatsache weder kannte noch kennen musste (vgl. § 15 Abs. 2 HGB).

Rechtsformzusatz

Die *Firma* des *Kaufmanns* muss folgende Rechtsformzusätze enthalten: bei Einzelkaufleuten die Bezeichnung „eingetragener Kaufmann“, „eingetragene Kauffrau“, bei einer offenen Handelsgesellschaft „offene Handelsgesellschaft“ und bei einer Kommanditgesellschaft die Bezeichnung „Kommanditgesellschaft“. Zulässig sind jeweils auch allgemeine Abkürzungen (vgl. § 19 HGB). Für Kapitalgesellschaften oder eingetragene Genossenschaften gilt Ähnliches (vgl. § 4 GmbHG, § 4 AktG, § 3 GenG).

Rechtsschein

Die allgemeinen Rechtsscheingrundsätze des Handelsrechts besagen, dass derjenige, der einen Rechtsschein zurechenbar veranlasst hat, gutgläubigen Dritten gegenüber sich an diesem Rechtsschein festhalten lassen muss, wenn dieser kausal für das Verhalten des Vertragspartners war.

Rügepflicht

Beim zweiseitigen Handelskauf hat der Käufer die Pflicht, die Ware unverzüglich nach der Ablieferung durch den Verkäufer zu prüfen und, bei offenem Mangel, diesen auch unverzüglich dem Verkäufer anzuzeigen. Dies gilt auch bei Falschlieferung oder Mengenabweichungen (vgl. §§ 377, 378 HGB).

Scheinkaufmann

Ein Nichtkaufmann wird, wenn er einen zurechenbaren Rechtsschein dadurch setzt, dass er sich wie ein *Kaufmann* geriert (etwa die Bezeichnung „e. K.“ auf dem Briefpapier benutzt), wie ein Kaufmann behandelt. Einem gutgläubigen Dritten kann dieser Scheinkaufmann nicht entgegenhalten, dass er kein Kaufmann sei.

Schweigen auf ein Angebot

Steht jemand mit einem *Kaufmann* derart in Geschäftsverbindung, dass dieser Kaufmann mit der Geschäftsbesorgung beauftragt ist, und schweigt er auf ein Angebot, so gilt das Schweigen des Kaufmanns als Annahme des Antrags (vgl. § 362 HGB).

Selbsthilfeverkauf

Ist im Rahmen eines *Handelskaufs* der Käufer im Annahmeverzug, so kann der Verkäufer (grds. nach vorheriger Androhung) die Ware öffentlich versteigern lassen. Dieser Verkauf erfolgt für die Rechnung des säumigen Käufers (vgl. § 373 Abs. 2, 3 HGB).

Selbstständige Hilfspersonen des Kaufmanns

Dazu zählen der *Handelsvertreter* (§ 84 HGB), der *Vertragshändler*, der *Franchisenehmer*, der *Handelsmakler* (§ 93 HGB), der Kommissionär (§ 383 HGB) und der *Kommissionsagent.*

Speditionsgeschäft

Durch den Speditionsvertrag wird der Spediteur verpflichtet, die Versendung des Gutes zu besorgen. Er besorgt die Beförderung grds. nicht selbst, sondern überlässt dies dem *Frachtführer*, mit dem er in eigenem Namen Frachtgeschäfte abschließt (vgl. § 453 HGB).

Spezifikationskauf

Ist dem Käufer im Rahmen eines *Handelskaufes* die nähere Bestimmung über Form, Maß oder ähnliche Verhältnisse vorbehalten, so ist der Käufer verpflichtet, die nähere Spezifikation vorzunehmen (vgl. § 375 HGB).

Unternehmen, Unternehmensträger

Der Begriff des Unternehmens entspricht dem des Geschäftsbetriebs. Der Betreiber, also der Kaufmann bzw. eine Personen- oder Kapitalgesellschaft, wird als Unternehmensträger bezeichnet.

Vertragshändler

Im Rahmen der Absatzmittlung von Waren übernimmt es der Vertragshändler im eigenen Namen und auf eigene Rechnung, Geschäfte für einen Unternehmer zu besorgen. Der Vertragshändler ist dabei in die Vertriebsorganisation durch einen Rahmenvertrag in der Weise eingegliedert, dass er sich regelmäßig verpflichtet, dem Unternehmer Verkäufe anzuzeigen und bei Vertragsbeendigung den Kundenstamm zu überlassen. Quasi im Gegenzug hat der Vertragshändler Anspruch auf die für den *Handelsvertreter* geltenden Schutzvorschriften der §§ 89, 89 a, 89 b HGB.

Zurückbehaltungsrecht, kaufmännisches

Wegen der fälligen Forderungen, die einem *Kaufmann* im Rahmen eines beidseitigen *Handelsgeschäfts* zustehen, hat dieser ein Zurückbehaltungsrecht an den beweglichen Sachen und Wertpapieren des Schuldners, sofern diese im Rahmen der Durchführung von Handelsgeschäften in seinen Besitz gelangt sind (vgl. § 369 HGB).

G. Fallfinder Handelsrecht